Cuaderno de Trabajo

Programa Emprendedor@s

Mónica Robles

Emprendedor@s
Empoderamiento, Liderazgo y Negocios

Cuaderno de Trabajo

Programa Emprendedor@s

Mónica Robles

Mónica Robles

1 **Cuaderno de Trabajo Programa Emprendedor@s**

Mónica Robles

Heart Centered Leadership Coaching and Consulting Group

www.monicaleadership.com

Primera Edición: Anaheim, California. E.U.A.

Septiembre 2020.

ISBN: 978-1-7923-4900-3

Copyright © Mónica Robles.

Diseño Editorial:

REVHO AD AGENCY

1525 E 17th St Suite G, Santa Ana, CA 92705

(949) 783-6023

www.revho.com

Impreso en los Estados Unidos de América.

AGRADECIMIENTOS

Quiero agradecer inmensamente a mis padres que son los pilares de mi vida: La Sra. María
Teresa Ruiz de Robles (fallecida) y el Sr. Jorge Robles Borboa, Capitán Piloto Aviador, por darme
siempre un consejo sabio con amor y creer en mí siempre aunque pensaran que lo que hacía "era
una locura". Mi madre siempre me dijo: "tu puedes", y es por ese enfoque que siempre he podido
brincar los obstáculos y aprender de ellos.

Estoy muy agradecida también con Nora y Luis Ruiz quienes desde hace más de 30 años me han
tomado bajo sus "alas" como una hija más y siempre me han apoyado en las diferentes jornadas
de mi vida. Por lo tanto, de todo corazón: Muchas Gracias.

Otro agradecimiento a mi bella familia Katsurayama. Gracias a Don Luis (fallecido), Señora
Leticia y sus hijos: Minoru, Seji, Daniel y Sayuri, quienes desde muy joven confiaron en mi
potencial y siempre han dicho presente en los momentos importantes y otros muy difíciles de mi
vida. Muchas Gracias.

Hay muchísimas personas a las cuales les estoy muy agradecida por darme la oportunidad de ser
parte de sus vidas.

Un agradecimiento muy especial al Sr. Emerson Chávez por creer en este proyecto y también
por el apoyo que siempre ha dado a nuestra comunidad hispana en los Estados Unidos. Muchas
Gracias por la confianza.

Mónica Robles

ÍNDICE

INTRODUCCIÓN

La motivación de crear este cuaderno de trabajo ha sido por cada persona que ha cursado el **Programa Emprendedor@s** y que se ha empoderado visualizando una mejor vida a través de sus talentos, experiencias y deseos de independencia financiera. También, de la materialización de sus ideas, el deseo de formalizar sus microempresas y continuar su educación empresarial. Además, de saber simplemente que son capaces de lograr mucho más si, por solo un momento, "alguien" cree en ellos más, como individuos, de lo que ellos creen en sí mismos.

Han sido muchas horas de capacitación impartidas y más de 500 personas graduadas de este valioso programa desde el año 2016. Sé que hay miles de personas en los Estados Unidos esperando esta oportunidad quienes no encuentran a alguien que les pueda motivar, educar y empoderar en este momento de sus vidas.

La creación de este cuaderno de trabajo es pensando en ti y en tu deseo de superarte, de lograr una mejor vida, lo que llamamos el "sueño americano", de iniciar ese pequeño negocio que ha rondado tu cabeza por mucho tiempo, y no has logrado llevar a cabo debido a las condiciones, los obstáculos, los deberes del día a día, circunstancias, etc.

A través de estas páginas, te darás cuenta de que la magia la tienes TÚ. Solo es cuestión de que en vez de ver hacia fuera, veas hacia dentro de TI y CONFÍES en esa persona que vez, ya que esa persona tiene un POTENCIAL ILIMITADO que verás reflejarse en las siguientes páginas (Siempre y cuando lleves a cabo cada uno de los ejercicios que se te sugieren).

PRÓLOGO

37 El **Programa Emprendedor@s** y por consecuencia este cuaderno de trabajo fue creado con
38 el fin de continuar educando, motivando, impulsando, promoviendo el **empoderamiento** y el
39 desarrollo de las habilidades de liderazgo y negocios de la comunidad Hispana en los Estados
40 Unidos.

41 Me involucré en esta iniciativa que nació originalmente en el Consulado Mexicano en Santa Ana,
42 CA. USA. como voluntaria dando talleres de Liderazgo lo cual es mi pasión. Lo que me llevó a
43 crear el currículum que cumpliera con el enfoque de **empoderar** y **apoyar** a personas que habían
44 sufrido violencia doméstica motivándolas a iniciar su propio negocio.

45 El **Programa Emprendedor@s** fue creado con la visión de ayudar a las personas a formar una
46 mentalidad de emprendimiento, liderazgo y negocios, para que vieran que su talento de hacer
47 tamales, tacos, costura, fotografía, jardinería, construcción u otra actividad que les generaba un
48 pequeño ingreso, al hacerla con **PASIÓN**, pudiendo de esta forma convertirlo en un negocio
49 lucrativo, buscando con ello, independizarse económicamente de la persona que las maltrataba
50 emocional, físicamente y financieramente, tomando herramientas importantes para diseñar la
51 vida que tantas veces habían visto en su imaginación y sueños.

MÓDULO 1 ₅₂

CAPÍTULO 1

EL INICIO DE TU INDEPENDENCIA ₅₃

En este módulo descubriremos al individuo, ya que sin **ÉL** no hay negocio. También llevaremos a ₅₄
cabo varios ejercicios que te darán la pauta para conocerte. Así como profundizar más en tu deseo ₅₅
de emprender el negocio de tus sueños. ₅₆

Tuve la oportunidad de conocer al Dr. Frank Luntz, conocido consultor de negocios y especialista ₅₇
en comunicación en la Cd. de Grand Rapids, Michigan donde viví por un par de años y trabajé ₅₈
como **"Senior Training Specialist"** (Especialista Superior de Capacitación) para la gran ₅₉
empresa Amway. Mi función principal era la de crear entrenamientos enfocados en capacitar a ₆₀
los representantes de servicio al cliente a nivel nacional (más de 400 personas) sobre el modelo ₆₁
de negocio de Amway y los productos de belleza ayudándolos no solo llevar a cabo actividades ₆₂
transaccionales, sino también enseñándoles a aprender, a conocer a nuestros clientes, a crear ₆₃
una "relación" con ellos vía telefónica y resolviendo sus problemas. En alguna ocasión estuve ₆₄
presente en la reunión de directores donde conocí al Dr. Luntz y escuché la siguiente cita la cual ₆₅
me impactó y quiero compartirla contigo: **"LAS PALABRAS Y LAS EMOCIONES JUNTAS** ₆₆
SON LA FUERZA MÁS PODEROSA CONOCIDA POR LA HUMANIDAD".[1] Mi pregunta ₆₇
para ti es: ¿Has estado consciente de esto?, ¿cuántas veces te has maltratado con tu pensamiento?, ₆₈
¿cuántas veces has maltratado a tus hijos, esposa, madre y amistades con tus **PALABRAS,** ₆₉
EMOCIÓN y el **TONO DE VOZ** que pones en ellas? ₇₀

Te invito a que reflexiones en cómo utilizas tus palabras y tus pensamientos y que a partir ₇₁
de este momento incrementes tu **CONCIENTIZACIÓN** en el uso de estas dos importantes ₇₂

73 herramientas. ¿Has escuchado decir en alguna ocasión: "los pensamientos son **ENERGÍA**"? Eso
74 es verdad, ya que las **PALABRAS** tienen una fuerza imponente. Entonces, ¿por qué maltratar
75 a las personas que más quieres incluyéndote a ti? Haz una pausa en tu vida y a partir de hoy, te
76 invito a tomar la decisión de cambiar tu forma de pensar, hablar, y cómo utilizas tu vocabulario.
77 Te aseguro que al hacerlo, las primeras personas que lo notarán serán tus hijos, tu pareja y
78 tu familia. Tengo varias experiencias de personas que lo han hecho al pasar por el **Programa**
79 **Emprendedor@s**, ya que ellas mismas se han sorprendido del cambio inmediato al solo modificar
80 sus palabras. **¡ES MÁGICO!**

81 Te quiero invitar a que leas un libro que considero muy importante para el desarrollo humano.
82 Se llama: "Los 4 Acuerdos" del autor, Don Miguel Ruiz,[2] un nagual Mexicano de la tribu Tolteca.
83 El libro nos enseña lo siguiente:

1.   Sé impecable con tus **PALABRAS**.

2.   No tomes las cosas de manera **PERSONAL**.

3.   No **ASUMAS**.

4.   Siempre haz lo **MEJOR** que puedas.

84 Es impresionante darnos cuenta como vamos por la vida sin reflexionar el daño que hacemos a
85 otras personas y nos hacemos a nosotros mismos, o nos hacen el no estar **CONSCIENTES** del
86 **PODER** de nuestras palabras. Simplemente mostramos lo que aprendimos con nuestros padres,
87 las vivencias de la casa, amigos, profesores o jefes. Desafortunadamente, todos o la gran mayoría
88 han aprendido lo mismo. Lo que nos indica que en su subconsciente está la misma información
89 impresa. Sin embargo, eso no quiere decir que **TÚ** continúes viviendo de la misma forma, ya que
90 **TÚ** y solo **TÚ** tienes el **PODER** de cambiar. Ese **PODER** está dentro de ti. Solo tienes que estar
91 **CONSCIENTE** en todo momento de lo que hablas, de cómo lo dices y de cómo haces sentir a las
92 personas. Lo mejor, es que estoy segura que puedes hacerte sentir muy bien y hacer sentir bien a
93 las personas que te rodean.

94 Para lograr la meta de convertirnos en **Emprendedor@s**, es importante que conozcas al
95 **INDIVIDUO, TU PERSONA**, llamándolo sin títulos como: padre, madre, hermano, hijo,
96 sobrino, empleado, etc.

Simplemente **TÚ**, en base a ti como **INDIVIDUO**, es importante que realices el siguiente ejercicio.

Ejercicio # 1

Describe qué significa para ti ser **Emprended@r**.

_____

_____

_____

_____

Ejercicio # 2

Llegadas y Salidas[3]

En este ejercicio, es importante que seas honesto, te concentres, vayas al interior de ti mismo y contestes las siguientes preguntas:

Salidas:

Escribe 3 hábitos o comportamientos que quieres dejar ir, que no te ayudan y por el contrario te estorban, pero los sigues llevando a cabo en esta nueva etapa de tu vida donde estás visualizando un mejor futuro para TI.

113 ¿Qué debes dejar atrás?

114 _____
115 _____
116 _____
117 _____

118 **Llegadas:**

119 Escribe 3 hábitos o comportamientos que quieres adquirir en este nuevo ciclo de vida que vas a
120 iniciar y sabes que te ayudará a lograr ese cambio en donde estás visualizando un mejor futuro
121 para **TI**. ¿Qué debes mejorar?

122 _____
123 _____
124 _____
125 _____

126 Contesta estas preguntas. Escribe tu nombre, la fecha y hora del momento en que estás
127 respondiendo:

128 _____

129 ¿Qué descubriste de ti?

130 _____

131 ¿Cómo te ves?

132 _____

133 ¿Cómo te sientes?

134 _____

¿Qué estás sintiendo en estos momentos? 135

_____ 136

_____ 137

_____ 138

_____ 139

Ahora te invito a sumergirte en aprender más sobre lo que es **EL LIDERAZGO**. 140

Ejercicio # 3 141

¿Qué es el Liderazgo para ti?[4] 142

_____ 143

_____ 144

_____ 145

_____ 146

Al final de cuentas, el **LIDERAZGO**[2] es **Influencia** nada más, nada menos, según el autor 147
John C. Maxwell. **EL LIDERAZGO** puede ser aprendido y aplicado. Una vez que hagamos esto, 148
nos preguntaremos: ¿A quién debemos de **INFLUENCIAR**? **¡A TI EN PRIMER LUGAR!** Tú 149
eres la **PRIMERA** persona que debes aprender a influenciar, ya que tú tienes ese **PODER** y ese 150
discernimiento de saber que es realmente lo que quieres para ir tras esa **META**. 151

Es muy fácil decirles a otras personas qué hacer, cómo hacerlo y por qué hacerlo. Sin embargo, la 152
persona más difícil de **INFLUENCIAR** es a ti mismo. Te invito a que empieces con esta práctica a 153
partir del día de hoy. 154

155 Antes de tomar este cuaderno de trabajo, ¿qué actividades de negocio pensaste que querías hacer,
156 pero a este momento, **NO** las has llevado a cabo? ¿Qué te detuvo? ¿Por qué te detuviste?

157 _____
158 _____
159 _____
160 _____

161 Al terminar de escribir tus respuestas, analiza si realmente te has influenciado positivamente o si
162 has permitido que otras personas, circunstancias o condiciones te influyan haciendo a un lado lo
163 que realmente es importante para ti.

164 Nuevamente te repito: **TÚ TIENES EL PODER** de ser **LÍDER** y de usar ese liderazgo para
165 influenciarte positivamente a lograr esas metas pequeñas o grandes del diario vivir que te llevan a
166 sentirte **REALIZADO** avanzando paso a paso.

~ MÓDULO 1

CAPÍTULO 2

APRENDIENDO LAS BASES PARA EMPRENDER

En este capítulo, vas a empezar a dar forma escrita a tu deseo de emprender. Es importante que lleves a cabo todos los ejercicios que en este cuaderno de trabajo se presentan, ya que al hacerlo estás empezando a materializar esas ideas que han estado rondando por tu cabeza por tanto tiempo. Ponerlas por escrito es el primer paso **REAL** de manifestación y realización de dichas ideas.

Ejercicio # 4

En el espacio siguiente escribe: ¿Cuál es tu **IDEA**, **PRODUCTO** o **SERVICIO**?

_____

_____

_____

_____

181 Escribe: ¿Por qué piensas que esta **IDEA**, **PRODUCTO** o **SERVICIO** es necesario?

182 _____

183 _____

184 _____

185 _____

186 Escribe: ¿Quién o quiénes se benefician de esta **IDEA**, **PRODUCTO** o **SERVICIO**? y ¿por qué
187 piensas que se van a beneficiar?

188 _____

189 _____

190 _____

191 _____

192 Vamos ahora a analizar si tienes los atributos necesarios para ser **Emprendedor@**.

193

194 En el libro INC yourself, How to profit by setting up your own Corporation[5], la autora Judith H.
195 McQuown nos explica las razones principales por la que nuevos empresarios fracasan en sus 5
196 primeros años en sus negocios.

197 Estos son:

198 • Falta de habilidades organizacionales.

199 • Actitud pobre o negativa.

200 • Falta de habilidad en el manejo de ventas y mercadotecnia.

201 • Poca habilidad en el trato con la gente.

• Ejercicio # 5

Ahora te pido completar el siguiente "**Quiz**"[6] o preguntas mismas que te ayudarán a tener una   203
mejor visión de donde te encuentras en este momento.   204

En la escala del 1 (bajo) al 5 (alto), circula tu respuesta.   205

1.- ¿Puedes trabajar por tu cuenta?	1	2	3	4	5	206
¿Puedes trabajar independiente de otros?	1	2	3	4	5	207
¿Puedes trabajar por periodos largos de tiempo?	1	2	3	4	5	208
2.- ¿Puedes venderte?	1	2	3	4	5	209
¿Puedes vender tus ideas?	1	2	3	4	5	210
¿Puedes vender productos, conceptos o servicios?	1	2	3	4	5	211

En otras palabras, ¿puedes persuasiva y efectivamente comunicarte con otras personas y llevarlos   212
a entender tu punto de vista o proyecto invitándolos a participar como colaboradores, a que   213
brinden apoyo de algún tipo o que se conviertan en tus clientes?   214

	1	2	3	4	5	215
3. ¿Tienes cualidades para tratar con todo tipo de gente?	1	2	3	4	5	216
¿Sabes cómo conectar con ellos?	1	2	3	4	5	217
¿Tienes habilidades de asesoría y manejo de personal?	1	2	3	4	5	218
¿Tienes habilidades para vender?	1	2	3	4	5	219
4.- ¿Te sabes organizar?	1	2	3	4	5	220
¿Sabes cómo organizar tu tiempo?	1	2	3	4	5	221

222 ¿Sabes cómo organizar tus comunicaciones, ya sean verbales o por escrito?
223   1   2   3   4   5

224 5.- ¿Tienes organización, estructuración y disciplina?   1   2   3   4   5

225 6.- ¿Puedes tomar decisiones rápidamente manteniendo tu flexibilidad?
226   1   2   3   4   5

227 7.-¿Tienes la habilidad de aprender de tus errores?   1   2   3   4   5

228 8.- ¿Tienes la habilidad de tomar riesgos calculados?   1   2   3   4   5

229 9.- ¿Qué tan bien manejas el dinero?   1   2   3   4   5

230 10.- ¿Conoces al gerente de tu banco por su primer nombre?
231   1   2   3   4   5

232 11.- ¿Tienes perseverancia, tenacidad y estamina especialmente cuando las cosas se ponen
233 difíciles?   1   2   3   4   5

234 12.- ¿Tienes un grupo de **Mentes Magistrales** al que atiendes constantemente?

235 (Un grupo de Mentes Magistrales es un grupo de gente como asesores, compañeros
236 de trabajo, personas que admiras, otros **Emprendedor@s** o dueños de negocios
237 quienes te apoyan y dan consejo en tu visión y tus metas de diferentes formas).

238 _____
239 _____
240 _____
241 _____

242 Finalmente, y una pregunta muy **IMPORTANTE**:

243 13.- ¿Tienes una idea, servicio o producto que **AMAS**?   Sí   No

244 ¿De verdad CREES en él?   Sí   No

Analiza tus respuestas. ¿Qué puntuación le diste a cada una de las preguntas?, ¿cómo te sientes en 245
estos momentos con esa puntuación? y ¿qué puedes hacer para mejorar la puntuación baja? 246

_____ 247
_____ 248
_____ 249
_____ 250

Vamos a definir los siguientes términos: 251

Ejercicio #6   252

Motivación: Lo que te provoca a realizar algo. 253

¿Qué te motiva a emprender este nuevo negocio? 254

_____ 255
_____ 256
_____ 257
_____ 258

Liderazgo: Influenciar a otros a tener tu **VISIÓN** empezando por **TI**. 259

¿Cómo te vas a **INFLUENCIAR** positivamente todos los días para llevar a cabo actividades que te 260
lleven a la materialización de tu **OBJETIVO, META** O **VISIÓN**? 261

_____ 262
_____ 263
_____ 264
_____ 265

Talento: Habilidades que desarrollas constantemente. 266

267   ¿Qué habilidades tienes actualmente?

268   _____

269   ¿Qué habilidades vas a necesitar desarrollar para lograr el **OBJETIVO**, **META** O **VISIÓN** que te
270   has trazado?

271   _____
272   _____
273   _____
274   _____

∾ MÓDULO 1

CAPÍTULO 3

LA IMPORTANCIA DE LAS METAS

Ejercicio # 7

METAS

¿Qué es una **META** para ti?

_____

_____

_____

_____

Una **META** es un sueño que la **CONSTANCIA** hace realidad.

Es importante que tomemos en cuenta que las **METAS** tienen 6 características muy importantes. Te las describo a continuación:

- Por Escrito.

- Con Fecha.

- Personal.

- Alcanzable.

- Realizable.

- Específica.

287 Analicemos cada una de estas características.

POR ESCRITO

289 Pensarás: "Por qué lo tengo que poner por **ESCRITO** si lo tengo en mi cabeza y siempre me
290 acuerdo de mi **META**". Tu pensamiento es muy acertado. Sin embargo, la primera actividad para
291 que nuestras **METAS** se materialicen es ponerla por escrito de esta forma la tendrás siempre
292 presente. Todos los días llevarás a cabo una acción para acercarte a esa **META**. Por lo tanto,
293 llevarás los cambios en tu vida necesarios para ello.

CON FECHA

295 ¿Por qué es importante la fecha? La fecha te da una forma de medir si lograste esa **META** o no.
296 Te da un punto de partida a donde regresar para poder analizar qué pasó durante ese periodo de
297 tiempo recordando qué decisiones estuviste tomando y por qué tomaste esas decisiones en esos
298 momentos. Sobre todo lo qué has aprendido durante ese periodo de tiempo.

299 Analiza también si esa **META** es la correcta y más importante si vas a alcanzarla y que esté
300 alineada con tus valores.

PERSONAL

Esta característica de la **META** es muy importante debido a que si tu inicias una actividad que no sea enteramente lo que **TU QUIERES HACER** es muy probable que la inicies pensando en tu familia, hijos, pareja, etc. Sin embargo, estas razones externas a ti te van a hacer crear un posible resentimiento hacia esas personas a las cuales amas. ¿Por qué? La respuesta es muy sencilla. **ESA NO ES LA META** de ellos, debe de ser solo **TUYA** y de nadie más. Este va a ser **TU PORQUÉ**, ya que te va a levantar en las situaciones de adversidad que se te presenten, y es aquí donde **TU DECIDES** si continuas o no.

La importancia de que esta **META** sea **PERSONAL** es porque debe salir de tu corazón para que la puedas manifestar y llevar a cabo con entusiasmo, armonía, felicidad, entrega, pasión, sacrificio, responsabilidad, intención, compromiso, persistencia, creatividad y agradecimiento.

Solo tú puedes darle la vida que deseas a esa **META**. Nadie lo puede o debe hacer por ti. Por eso es la importancia de que sea **PERSONAL**.

ALCANZABLE

Para poder medir esa META, es importante que la crees de tal forma que esté en tu **PODER** el alcanzarla. Por ejemplo, si tu dices voy a incrementar mis ganancias en 100,000 dólares al año con la venta de repostería, pero en ese momento ni siquiera sabes cómo hacer un pastel y no te gusta el trato con la gente o las ventas, entonces, ¿cómo va a ser posible que alcances esa **META** en 12 meses?

Prácticamente, te estás creando una situación que te va muy seguramente a llevar a la depresión cuando te des cuenta de que no es **ALCANZABLE** en esos momentos. Sin embargo, si tu **META** es la de incrementar tu ingreso mensual en 200 dólares, y sabes cómo hacer algún tipo de repostería, te gustan las ventas y el trato con la gente, es muy seguro que si alcanzarás esa **META**.

Esa es la importancia de que tu **META** sea algo que tú puedas alcanzar e ir avanzando poco a poco.

326 **REALIZABLE:**

327 Como te comentaba anteriormente, quizás has intentado hacer repostería y de repente te lo
328 propones como una **META**. Sin embargo, no sabes como hornear el pastel o pequeños bocadillos
329 no te salen buenos es porque no tienes la experiencia o todos los ingredientes que deben llevar. Si
330 te empeñas en que si puedes lograrla cuando no cuentas con todas las herramientas necesarias,
331 esa **META** no es realizable por lo menos no en esos momentos. Deberás invertir tiempo en
332 aprender, probar, equivocarte, volver a intentar, etc. para que finalmente realices esa **META**. Mi
333 sugerencia es que incluyas esta característica cuando estés escribiendo tu **META**.

334 **ESPECÍFICA**

335 Esta característica es particularmente importante, ya que la gran mayoría de las personas no sabe
336 qué pedir. Es tan interesante ver, clase tras clase, que las personas no saben que quieren porque
337 no se les ha ocurrido ponerse a pensar realmente qué es lo que quieren, cómo lo quieren y para
338 qué lo quieren. Esta característica es aún más importante que todas las 5 anteriores. Entonces,
339 tenemos las preguntas: ¿Qué quieres? y ¿cómo lo quieres? Déjame compartir un ejemplo contigo,
340 ya que este ejemplo lo hago en cada clase que he dado por los últimos 4 años y es un ejemplo muy
341 práctico.

342 Le pregunto a los participantes del **Programa Emprendedor@s**: ¿Qué tipo de carro quieres?
343 La respuesta siempre es que los hombres desean un carro deportivo y las mujeres piden una
344 camioneta familiar. Entonces, les pregunto: ¿Qué tipo de carro deportivo?, ¿Corvette, Porsche,
345 Jaguar, BMW, Audi, Lexus, etc.?, ¿con cuantas puertas?, ¿qué color?, ¿cuántas llantas?, ¿cuántas
346 ventanas?, ¿qué tipo de accesorios?, ¿qué tipo de asientos?, ¿qué tipo de rines?, ¿qué servicios
347 adicionales?, ¿qué precio? y ¿cuánto puedes pagar mensualmente?

348 ¿Te das cuenta de que no sabemos ser específicos? Es muy importante aprender a ser específicos
349 para saber qué es lo queremos.

Ejercicio #8

350

Te invito a que contestes las mismas preguntas:

351

1. ¿Qué tipo de carro deportivo? ¿Corvette, Porsche, Jaguar, BMW, Audi, Lexus, etc.? _____
    _____

2. ¿Con cuantas puertas? _____

3. ¿De qué color? _____

4. ¿Cuántas llantas? _____

5. ¿Cuántas ventanas? _____

6. ¿Qué tipo de accesorios? _____

7. ¿Qué tipo de asientos? _____

8. ¿Qué tipo de rines? _____

9. ¿Qué servicios adicionales? _____

10. ¿De qué precio? _____

11. ¿Cuánto puedes pagar mensualmente? _____

Escribe: ¿Qué "**veías**" mentalmente cuando estabas contestando las preguntas?

352

_____ 353

_____ 354

_____ 355

_____ 356

357 Si te pusiste a pensar y responder a cada una de las preguntas del ejercicio, eso te indica que tu
358 tampoco sabes ser **ESPECÍFICO**. Es de suma importancia que sepamos que es lo que queremos y
359 podamos describirlo en todo momento.

360 En este ejemplo del automóvil, nos podemos dar cuenta del porqué cuando vamos a la agencia
361 de automóviles y no tenemos las especificaciones de lo que realmente queremos, terminamos
362 comprando lo que el agente de autos quiere vender, al precio que él te lo quiere vender, lo que
363 él tiene disponible en su flota, del color, modelo, etc. Al final, terminamos comprando algo que
364 realmente no queríamos o no teníamos en mente. ¿Quién terminó beneficiándose de la **META** en
365 esta situación? Efectivamente el vendedor de automóviles.

366 Ahora que ya tienes toda esta información, lleva a cabo el siguiente ejercicio.

367 Ejercicio # 9

368 Escribe **3 METAS** personales, y **3 METAS** que quieres lograr relacionadas con tu nuevo
369 **EMPRENDIMIENTO, NEGOCIO** O **PROYECTO**. Deben incluir las 6 características
370 mencionadas anteriormente.

371 _____
372 _____
373 _____
374 _____

～ MÓDULO 1

CAPÍTULO 4

¿QUIÉN ES MI CLIENTE?

En este capítulo, analizaremos la importancia de saber quién es tu cliente. Considerando esto te
invito a realizar el siguiente ejercicio.

Ejercicio # 10

¿A quién le voy a dar servicio con mi negocio? o ¿a quién le voy a vender mi producto?

_____
_____
_____
_____

¿Por qué quiero darles servicio a esas personas? ¿Por qué quiero venderles este producto?

_____
_____
_____
_____

390 ¿Qué beneficios mi servicio o producto les da a esas personas?

391 _____

392 _____

393 _____

394 _____

395 ¿Qué precio le voy a poner a mi producto o servicio?

396 _____

397 _____

398 _____

399 _____

400 ¿Es ese precio competitivo en el mercado o industria?

401 _____

402 _____

403 _____

404 _____

405 ¿Cómo sé que las personas o negocios están dispuestos a pagar ese precio?

406 _____

407 _____

408 _____

409 _____

410 Es importante que te des cuenta de que emprender un negocio, no se trata de solo desearlo y
411 tenerlo en tu mente, si no también se trata de empezar a dar los pasos para llevarlo a cabo y
412 manifestarlo. Al empezar a llevar a cabo esos pasos, nos encontramos con que tenemos que
413 contestar varias preguntas, reflexionar en relación a esta **META** que tenemos y ponerle **ACCIÓN**
414 a la **INTENCIÓN**.

415 Recuerda que eres **LÍDER**, el **PODER** y la **INTENCIÓN** los tienes tú. La pregunta es: ¿Cuál es tu
416 **COMPROMISO** para llevar a cabo este proyecto?

Antes de pasar al **MÓDULO 2** – Capítulo 1, define el nombre de tu negocio: 417

¿Qué nombre le quiero poner a mi negocio? 418

_____ 419

¿Por qué le quiero poner ese nombre? 420

_____ 421

¿Qué significa para mi ese nombre? 422

_____ 423

UNA PERSONA POSITIVA
convierte sus problemas en retos
nunca en obstáculos.

Libros sugeridos para complementar este módulo: 424

1.   Los 4 Acuerdos - Autor: Don Miguel Ruiz

2.   Las 15 Leyes Indispensables del Crecimiento - Autor: John C. Maxwell.

3.   Las 21 Leyes Irrefutables del Liderazgo - Autor - John C. Maxwell.

425 **Notas o Referencias:**

(1)   FRANK Luntz... "Interview Frank Luntz" Frontline. PBS. Retrieved March 23, 2007.

(2)   Edie West, Libro "The Big Book of icebreakers" pag. 115 y 116

(3)   Don Miguel Ruiz, Libro "Los 4 acuerdos".

(4)   John C. Maxwell, Las 21 Leyes Irrefutables del Liderazgo, pg.13.

(5)   INC Yourself, "How to profit by setting up your own corporation"

(6)   INC Yourself, "How to profit by setting up your own corporation", pages 21 & 22

∿ MÓDULO 2 ₄₂₆

CAPÍTULO 1

CONCIENTIZÁNDOTE DE TUS PALABRAS ₄₂₇

Iniciamos nuestro Módulo 2 reflexionando nuevamente sobre la siguiente frase: ₄₂₈

"Las palabras y las emociones juntas son la fuerza más poderosa conocida por la humanidad".

Frank Luntz

Escribe qué tan consciente has estado en el uso de tus palabras y la emoción que utilizas al ₄₂₉
decirlas o pensarlas. ₄₃₀

_____ ₄₃₁
_____ ₄₃₂
_____ ₄₃₃
_____ ₄₃₄

En el ejercicio 4 del módulo 1, escribiste cuál es el servicio o producto que deseas traer al ₄₃₅
mercado. Es muy importante que en esta fase descubras si este producto o servicio es una ₄₃₆

437 actividad por la cual tienes **PASIÓN**. En otras palabras llevarías a cabo esta actividad si recibieras
438 remuneración o no.

439 Vamos a describir juntos qué es la **PASIÓN**. ¿Es una emoción o sentimiento poderoso y
440 convincente?[1]

441 La emoción (pasión) que sientes por iniciar tu negocio va a convertirse en tu porqué. Ese motor
442 que te va a impulsar a llevar a cabo las actividades inherentes a la formación de tu negocio, por lo
443 que en este Módulo 2, veremos cuales son los pasos necesarios que debes seguir en la formación
444 de un negocio en los Estados Unidos.

～ MÓDULO 2 ₄₄₅

CAPÍTULO 2

ESTRUCTURAS ORGANIZACIONALES DE ₄₄₆ NEGOCIOS ₄₄₇

Conocimientos generales e información importante que se deberán seguir en la formación de un negocio en los Estados Unidos. _{448 449}

Es importante que inicies con una lista de las actividades que debes hacer para registrar tu negocio. _{450 451}

Para poder definir el tipo de Estructura de Negocio, debes conocer las responsabilidades que tiene cada uno de estos diferentes tipos de estructuras de negocios aprobadas por el **IRS**[3](Internal Revenue Service), Servicio Interno de Impuestos de los Estados Unidos. _{452 453 454}

También, puedes encontrar información adicional a través del SBA.gov[4](Small Business Administration), La Administración de Pequeños Negocios. _{455 456}

A continuación, encontrarás las definiciones de Estructuras de Negocios más utilizadas. ₄₅₇

Propietario Único (Sole proprietor) ₄₅₈

Un propietario único es la estructura más simple y común elegida para comenzar un negocio. Es ₄₅₉

460 un negocio no incorporado propiedad de un individuo y operado por éste sin

461 distinción entre el negocio y tú, el propietario. Tu tienes derechos a todos los beneficios y eres
462 responsable de todas las deudas, pérdidas y obligaciones de tu negocio.

463 Los propietarios de este tipo de estructura de negocio también pueden obtener un nombre
464 comercial (haciendo negocios como **DBA = Doing Business As**).

465 Puede ser difícil obtener financiamiento de bancos como propietario único, ya que no puedes
466 vender acciones y los bancos son reacios a dar préstamos a propietarios únicos.

467 Este tipo de estructura de negocio puede ser una buena opción para negocios de poco riesgo y
468 propietarios que quieran probar una idea comercial antes de crear una empresa más formal.

469 Sociedades (Partnership)

470 Una Sociedad es un negocio individual en el cual dos o más personas comparten la propiedad.
471 Cada socio contribuye con todos los aspectos de la empresa incluyendo dinero, propiedades,
472 mano de obra o destreza. Sin embargo, cada socio comparte los beneficios y pérdidas de la
473 empresa.

474 Dentro de esta estructura se encuentran las sociedades LP (Limited Partnership) Sociedad
475 Limitada y la LLP (Limited Liability Partnership), Sociedad con Responsabilidad Limitada.

476 Las sociedades en comandita tienen un solo socio general (gestor) con responsabilidad ilimitada
477 mientras todas los demás tienen responsabilidad limitada. Los socios de responsabilidad
478 limitada (comanditarios) también tienden a tener un control limitado sobre la compañía, lo que
479 se documenta en el acuerdo de la sociedad. Las ganancias pasan a través de las declaraciones
480 personales de impuestos y el socio general (el socio sin responsabilidad limitada) también debe
481 pagar impuestos como autónomo.

482 Las sociedades de responsabilidad limitada son similares a las sociedades en comandita, pero les
483 dan una responsabilidad limitada a todos los dueños. Una LLP protege a cada socio de deudas
484 contraídas por la sociedad. Además, los socios no son responsables de las acciones de los demás
485 socios.

Las sociedades pueden ser una buena opción para negocios con varios dueños, para grupos de   486
profesionales como abogados y grupos que quieran poner a prueba una idea comercial antes de   487
formar una empresa más formal.   488

Compañías de Responsabilidad Limitada (Limited Liability Companies)   489

Una Compañía de Responsabilidad Limitada (LLC) está diseñada para proveer de los beneficios   490
que tienen las corporaciones incluyendo las eficacias fiscales y la flexibilidad operacional de las   491
sociedades.   492

Una LLC te permite aprovechar los beneficios de la estructura comercial de las corporaciones y de   493
las sociedades.   494

Las LLC te protegen de responsabilidades personales en la mayoría de los casos incluyendo tus   495
bienes personales como tu vehículo, tu casa y tu cuenta de ahorros. Estos no corren riesgos en   496
caso de que la LLC entre en quiebra o enfrente demandas legales.   497

Las pérdidas y ganancias pueden pasarse a través de tus ingresos personales sin tener que   498
enfrentarse a los impuestos corporativos. Sin embargo, los socios de una LLC se consideran   499
autoempleados y deben pagar sus aportes impositivos como autónomos en Medicare y el seguro   500
social.   501

En muchos estados, las LLC pueden tener una duración limitada. Cuando un socio ingresa o   502
abandona la LLC, algunos estados exigen que se disuelva la compañía y se vuelva a formar con   503
los nuevos socios, a menos que ya se haya establecido un acuerdo dentro de la misma LLC para   504
comprar, vender y transferir la propiedad.   505

Las LLC pueden ser una buena opción para negocios de mediano o alto riesgo, para propietarios   506
con bienes personales significativos que deseen proteger, y propietarios que quieran pagar una   507
tasa de impuestos más baja que en una corporación.   508

509 Corporación C (C Corporation)

510 Una corporación, algunas veces llamada corporación C, es una entidad legal independiente
511 propiedad de los accionistas. Esto quiere decir que la propia corporación, no los accionistas que
512 son sus propietarios, es la que se considera legalmente responsable de las acciones y deudas que
513 incurra el negocio.

514 Las corporaciones ofrecen la protección más sólida a sus dueños contra responsabilidades
515 personales. Sin embargo, el costo de formarlas es más alto que el de otras estructuras. Las
516 corporaciones también requieren de una contabilidad, de procesos operativos y de la presentación
517 de informes exhaustivos.

518 A diferencia de las empresas unipersonales, las sociedades y las LLC, las corporaciones pagan
519 impuestos sobre sus ganancias. En algunos casos, las ganancias de las corporaciones se gravan
520 por partida doble cuando la compañía obtiene ganancias y cuando se pagan dividendos a los
521 accionistas a través de sus declaraciones de impuestos personales.

522 Las corporaciones tienen una vida completamente independiente y separada de sus accionistas.
523 Si un accionista abandona la compañía o vende sus acciones, la Corporación C puede seguir
524 operando casi sin alteraciones.

525 Las corporaciones tienen una ventaja cuando se trata de obtener capital, ya que pueden recaudar
526 fondos mediante la venta de acciones, lo cual también puede ser un beneficio para atraer
527 empleados.

528 Las corporaciones pueden ser una buena opción para negocios de riesgo mediano o elevado que
529 necesiten recaudar dinero y que planeen "cotizar en bolsa" o ser vendidas con el tiempo.

530 Corporación S (S Corporation)

531 Una corporación S, algunas veces llamada "S Corp.", es un tipo especial de corporación creada
532 a través de una elección de impuesto del IRS (Internal Revenue Service). También, es una
533 corporación doméstica elegible que puede evitar la doble tributación (una vez a la corporación y
534 de nuevo a los accionistas) decidiendo ser considerada como una corporación S.

La corporación S ("S Corp.") es un tipo especial de corporación que está diseñada para evitar el   535
inconveniente del doble gravamen que tienen las corporaciones C normalmente. Permite que las   536
ganancias, y algunas pérdidas, pasen directamente al ingreso personal del propietario sin llegar a   537
sujetarse a las tasas impositivas y corporativas.   538

No todos los estados gravan igual a las corporaciones S, pero la mayoría las reconocen como lo   539
hace el gobierno federal y gravan a los accionistas en consecuencia. Algunos estados les gravan   540
sus ganancias por encima de un límite específico. Sin embargo, otros no reconocen la elección de   541
la corporación S de ningún modo y simplemente la tratan como una corporación C.   542

Las corporaciones S deben presentar una solicitud ante el IRS para obtener esta categoría que es   543
un proceso diferente al de registrarse ante su estado.   544

Las corporaciones S tienen límites especiales, ya que no pueden tener más de 100 accionistas y   545
todos deben ser ciudadanos de los Estados Unidos. De todos modos, tiene que seguir los estrictos   546
procesos operativos y de presentación de documentos como las corporaciones C.   547

Las corporaciones S también tienen vida independiente como las corporaciones C. Si un   548
accionista abandona la compañía o vende sus acciones, la corporación S puede seguir operando   549
casi sin alteraciones.   550

La corporación S puede ser una buena opción para negocios que de otro modo serían   551
corporaciones C. Sin embargo, cumplen con los criterios para registrarse como corporación S.   552

Corporación B (Corporation B)   553

Una corporación benéfica, también llamada corporación B, tiene fines de lucro y reconocimiento   554
en la mayoría de los estados en los Estados Unidos. Su objetivo, responsabilidad y transparencia   555
difieren de los de la corporación C, pero no la forma en que se gravan.   556

Las corporaciones B son impulsadas por una misión y por las ganancias. Los accionistas   557
responsabilizan a la compañía para producir algún tipo de beneficio público y además de   558
tener ganancias financieras. En algunos estados se requiere que presenten informes anuales de   559
beneficios que demuestren su contribución al bien común.   560

Mónica Robles

561 Hay muchos servicios externos de certificación como corporación B. Sin embargo, en los estados
562 donde existe esa categoría legal, no se requiere ninguno para que una compañía pueda registrarse.

563 Organización Sin Fines de Lucro (Non-Profit Organization)

564 Este tipo de estructura legal son las corporaciones sin fines de lucro que se organizan para
565 hacer obras de filantropía, trabajo educativo, religioso, literario o científico. Dado que su trabajo
566 beneficia al público, pueden estar exentas de impuestos, lo cual significa que no pagan impuestos
567 federales o estatales sobre la renta por ninguna ganancia que tengan.

568 Las corporaciones sin fines de lucro deben presentar una solicitud ante el IRS para obtener la
569 exención de impuestos que es un proceso diferente al registrarse en su estado.

570 Las corporaciones sin fines de lucro necesitan seguir reglas organizativas muy similares a las
571 de las corporaciones C. También, necesitan seguir reglas especiales sobre lo que hacen con las
572 ganancias que obtengan. Por ejemplo, no pueden distribuir sus ganancias entre los miembros ni
573 aportarlas a campañas políticas.

574 Las corporaciones sin fines de lucro también se denominan corporaciones 501(c)(3), que es una
575 referencia a la sección del Código de Impuestos Internos (Internal Revenue Code) y la que más se
576 usa para conceder la exención impositiva.

577 Es importante que compares los requisitos generales de las estructuras de negocios. Sin embargo,
578 recuerda que las reglas de propiedad, las responsabilidades, los impuestos y los requisitos de
579 presentación de documentos de cada estructura varían según el estado donde los registres.

42   *Programa Emprendedor@s ©*

Estructura del negocio	Propiedad	Responsabilidad	Impuestos
Empresa unipersonal	Una persona.	Responsabilidad personal ilimitada.	Solo impuestos personales.
Sociedades	Dos o más personas.	Responsabilidad personal ilimitada, a menos que se estructure como una sociedad en comandita.	Impuestos como autónomo (excepto para socios comanditarios). Impuestos personales.
Compañía de responsabilidad limitada (LLC)	Una o más personas.	Los propietarios no son personalmente responsables.	Impuestos como autónomos. Impuestos personales o corporativos.
Corporación C	Una o más personas.	Los propietarios no son personalmente responsables.	Impuestos corporativos.
Corporación S	Una o más personas, pero no más de 100 y todas deben ser ciudadanas estadounidenses.	Los propietarios no son personalmente responsables.	Impuestos corporativos.
Corporación B	Una o más personas.	Los propietarios no son personalmente responsables.	Impuestos corporativos.
Corporación sin fines de lucro	Una o más personas.	Los propietarios no son personalmente responsables.	Exenta de impuestos y no pueden distribuirse las ganancias.

～ MÓDULO 2 ₅₈₀

CAPÍTULO 3

LA IMPORTANCIA DE ESCOGER EL ₅₈₁ NOMBRE DE TU NEGOCIO ₅₈₂

Es muy importante que escojas el nombre que vas a asignarle a tu nueva empresa, ya que este 583
también es un paso muy importante a la planificación de la misma. Es importante que selecciones 584
un nombre que refleje la identidad de tu marca y necesitas garantizar que esté correctamente 585
registrado y protegido a largo plazo. 586

Licencias y Permisos para tu Negocio 587

Para operar tu empresa de manera legal, existen determinadas Licencias y Permisos que necesitas 588
obtener. Estos recursos te ayudarán a entender los requisitos para tu pequeña empresa. 589

- **Federal:** Número de Identificación de Empleador (EIN – Employer Identification Number)

- **Condado:** Registro del DBA (Doing Business As) y Estructura Legal de Negocio

- **Estado:** Dependerá de la Estructura Legal de Negocio que elijas.

- **Ciudad:** Licencia de Negocios de la Ciudad donde se debe registrar el Negocio

(Business License)

590 Prácticamente, todo negocio necesita alguna forma de licencia o permiso para operar
591 legalmente. Sin embargo, los requisitos para licencias y permisos varían dependiendo
592 del tipo de negocio que quieras operar, el lugar donde será ubicado y las normas gubernamentales
593 que aplican.

594 Es importante que investigues y entiendas la información sobre los requisitos que tu estado
595 requiere para la expedición de la licencia o permiso necesario. De esta forma, se podrá operar
596 legalmente en el estado donde lo quieras registrar.

597 También, es importante que realices una investigación para entender la información sobre los
598 requisitos que tu ciudad requiere para tramitar la licencia o permiso necesario. De esta manera, tu
599 negocio podrá operar legalmente en la ciudad donde se registró.

600 Registra tu negocio en la administración de archivos del condado (County Clerk) donde vives.

601 Como definimos anteriormente, existen diferentes estructuras legales de negocio que puedes
602 utilizar para llevar a cabo este registro. Por lo general, cada administración de archivos del
603 Condado en los Estados Unidos tiene su propia forma de registro.

604 Al hacer el llenado del formulario de registro vía internet, la administración de archivos del
605 condado (County Clerk) te da un número de confirmación, por lo que tienes 30 días para ir
606 personalmente a pagar el registro de tu nuevo negocio. Cada administración de archivo del
607 condado (County Clerk) define el precio que deberás pagar para el registro. Normalmente
608 deberás hacer este paso en persona, ya que deberás presentar una identificación para el registro
609 del negocio. Esta identificación variará dependiendo del condado, por lo que te sugiero ir a la
610 página de internet del condado donde vives y verificar la información que te piden antes de
611 acudir a sus oficinas.

612 Es importante que consideres lo siguiente:

1. La declaración del registro de tu negocio es un archivo público.

2. No es necesario incluir tu número de teléfono (evitarás llamadas de mercadeo indeseables).

3. Es importante que registres tu negocio por lo menos antes de los 30 días de la fecha que has definido para iniciar operaciones.

4. Una vez que tu registro de nombre y estructura legal de negocio han sido aceptados por la Administración de Archivos de tu Condado (County Clerk) deberás llevar a cabo la declaración de publicación del mismo en algún periódico local.

5. El personal de la Administración de Archivos de tu Condado (County Clerk) te dará las indicaciones necesarias y un listado de periódicos locales aprobados para llevar a cabo dicho trámite.

6. Esta publicación por lo general tiene un costo de entre $25 - $90.

7. Se sugiere que hagas por lo menos 5 llamadas para cotizar con cada periódico, y llevar a cabo la publicación en aquel periódico que sea de menor costo para ti.

8. Una vez hecha la publicación, el periódico enviará directamente la certificación de la publicación tanto a ti como a la Administración de Archivos de tu Condado (County Clerk).

9. La actividad anterior "activará" tu nuevo nombre de negocio (DBA) y lo podrás utilizar por los siguientes 5 años.

10. Antes de la fecha de expiración del registro de tu negocio en la Administración de Archivos de tu Condado (County Clerk), deberás solicitar la renovación de tu nombre con el fin de continuar utilizándolo. (No es necesaria una nueva publicación en el condado).

11. En caso de que por alguna razón decidas no continuar con tu negocio, es importante que le informes a la Administración de Archivos de tu Condado (County Clerk) para llenar el formulario de "abandono de nombre".

12. En caso de cambiar la dirección de tu negocio, deberás reportarlo a la Administración de Archivos de tu Condado (County Clerk) llenando un formulario similar indicando el cambio de dirección. Este cambio deberá ser publicado en el periódico también.

613 A continuación, te damos algunas ilustraciones de cómo son las páginas de la Administración de
614 Archivos de los Condados (County Clerk).

Riverside County Clerk-Recorder

Attn: Fictitious Business Name Statements

4080 Lemon St. Riverside, CA 92501

Phone: (951) 955-6200

Live Agents from 8 am - 5 pm, M-F

Email: accrmail@asrclkrec.com

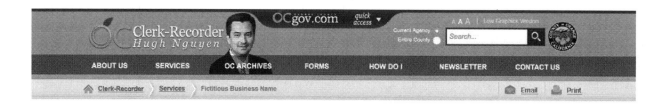

Registra Su Negocio

County Administration South

601 N. Ross St.

Santa Ana, CA 92701

8:00 a.m. - 4:30 p.m. Monday - Friday

615 Services include recording property documents, filing fictitious business statements and obtaining
616 copies of vital records and public records.

North County Branch Office

Wells Fargo Building/Parking

222 S. Harbor Blvd., Ste. 110

Anaheim, CA 92805

South County Branch Office

Laguna Hills Civic Center

24031 El Toro Road, Suite 150

Laguna Hills, CA 92653

Old Orange County Courthouse

211 West Santa Ana Blvd.

Santa Ana, CA 92701

Hall of Records

222 W. Hospitality Lane, 1st Floor

San Bernardino, CA 92415-0022

Phone: (909) 387-8306

Toll Free: (855) 732-2575

County Clerk Services

Monday - Friday: 8:00 am - 5:00 pm

The following services are by appointment ONLY:

Monday - Friday: 8:00 am - 11:00 am & 1:00 pm - 3:30 pm (excluding holidays)

Please call (909) 387-8306 or (855) 732-2575 for an appointment.

~ MÓDULO 2 ₆₁₇

CAPÍTULO 4

DEBES CONOCERTE A TI MISMO PARA ₆₁₈ PODER CRECER Y DESCUBRIR TUS ₆₁₉ FORTALEZAS ₆₂₀

Contesta esta simple pregunta: **¿Quién ERES?** ₆₂₁

Antes de contestar piensa en ti como ser humano sin considerar tu relación con tu familia como ₆₂₂ hermano, esposa, hijo, tía, etc. Recuerda que antes de tener todos estos "títulos adicionales", eres ₆₂₃ un ser humano individual con tus virtudes, fortalezas y propia grandeza. ₆₂₄

Ahora piensa conectando con tu corazón y contesta: **¿Quién ERES?** ₆₂₅

Es el momento de descubrir o redescubrir quién realmente eres. ₆₂₆

627 Ejercicio # 1

628 _____

629 _____

630 _____

631 _____

632 John C. Maxwell(8), nos dice en su libro de Las 15 Leyes Indispensables del Crecimiento: *"Las*

633 *personas que quieren crecer, pero no se conocen a sí mismas deben hacerlo, conocer sus puntos*

634 *fuertes, sus debilidades, sus amenazas y oportunidades para desarrollar tu potencial debes saber a*

635 *dónde quieres ir y en dónde te encuentras ahora".*

636 A continuación, te invito a que hagas un inventario de ti mismo contestando las siguientes

637 preguntas en relación a tus **F**ortalezas, **O**portunidades, **D**ebilidades y **A**menazas (FODA).

638 Ejercicio # 2

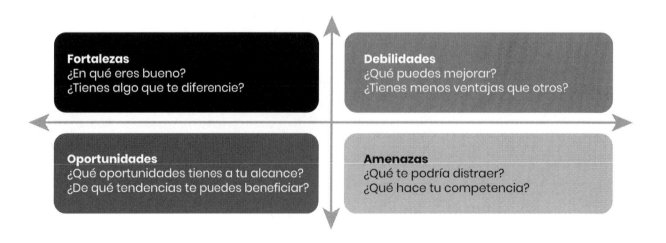

A. Escribe tus Fortalezas. 639

640
641
642
643

B. Escribe tus Oportunidades. 644

645
646
647
648

C. Escribe tus Debilidades. 649

650
651
652
653

E. Escribe tus Amenazas. 654

655
656
657
658

Ahora escribe cómo te sientes después de haber hecho el ejercicio anterior. ¿Qué has descubierto 659 de ti?, ¿cómo ves tu realidad en estos momentos? y ¿qué puedes hacer para cambiarla ahora que 660 tienes este nuevo conocimiento de ti mismo? 661

662
663
664
665

666 ¿Puedes hacer realmente lo que quieres hacer?

667 _____

668 _____

669 _____

670 _____

671 Para poder hacer lo que realmente quieres, es importante que hayas analizado lo siguiente:

1. Un sueño o meta, y ser ESPECÍFICO.

2. Conocer y entender tus talentos ÚNICOS.

3. Saber qué te motiva.

4. Conocer tus valores y prioridades.

5. Tener los motivos correctos para alcanzar ese sueño o meta.

672 Para contestar el siguiente ejercicio te pido que tomes el tiempo necesario, reflexiones y escuches
673 a tu corazón.

674 Comenta el autor John C. Maxwell[9] que para encontrar nuestra pasión y propósito es
675 importante hacerse las siguientes preguntas:

676 ¿Me gusta lo que hago ahora?

677 _____

678 ¿Qué es realmente lo que me gustaría hacer?

679 _____

680 ¿Puedo hacer lo que me gustaría hacer?

681 _____

¿Sé por qué quiero hacer lo que me gustaría hacer?   682

_____   683

¿Sé lo que tengo que hacer para poder hacer lo que realmente quiero?   684

_____   685

Hay una correlación directa entre encontrar tu pasión y desarrollar tu potencial. Es importante que te reconozcas como el líder de tu propia vida.

Tener pasión por lo que haces te da ventaja sobre otras personas porque una persona con Pasión es mejor que el 99% que solo tiene interés.

Reflexiona unos momentos sobre el comentario anterior, ya que cuando tienes bien definida la   686
meta, vas a poder avanzar más rápidamente incluso cuando haya obstáculos porque vas a ver la   687
forma de cómo conquistarlos con esa pasión que nace por dentro de ti.   688

Al no tener pasión para ir por tu sueño cada situación difícil que se te presente va a ser una   689
limitante y una excusa para no lograr la meta que te hayas puesto. ¿Cuántas veces te ha pasado   690
esto?, ¿una vez, dos veces, 50 veces?, y ¿dónde estás ahora por no haber tenido el enfoque y la   691
determinación necesarias para vencer los obstáculos?   692

Si deseas cambiar, el primer paso para el cambio es la consciencia. Si quieres pasar de donde   693
estás a donde quieres estar, tienes que estar **CONSCIENTE** de las decisiones que estás tomando. 694
Decisiones que hasta este momento has permitido que te alejen del destino que tú quieres. No   695
podrás cambiar de dirección si no estás **CONSCIENTE** de que no te estás dirigiendo hacia donde   696
realmente quieres ir.   697

Hay 3 tipos de personas cuando se trata de tener dirección en la vida: 698

1.   Personas que no saben lo que les gustaría hacer (Están Confundidas).

2.   Personas que saben lo que les gustaría hacer y no lo hacen (Están Frustradas).

3.	Personas que saben lo que les gustaría hacer y lo hacen (Están Realizadas).

¿Qué tipo de persona eres tú? _____

¿Qué puedes hacer a partir de este momento para estar dónde y cómo quieres estar? (contesta escuchando tu corazón).

_____

_____

_____

_____

Si has descubierto con los ejercicios anteriores, contestando cada pregunta con honestidad, lo que quieres hacer, empieza a encontrar personas que hagan lo que te gustaría hacer con excelencia, y haz lo necesario para aprender lo más que puedas de ellas.

Comprométete

Invierte en tu crecimiento pagando a personas que te pueden apoyar en esta área.

Persevera

Reúnete sistemáticamente cada mes con alguien que te pueda enseñar.

Sé Creativo

Comienza a leer libros que te orienten en lo que quieres hacer si no te puedes reunir con otras personas.

Sé Decisivo

Pasa por lo menos dos horas preparándote durante la semana.

Sé Reflexivo

Pasa por lo menos una hora al final del día reflexionando si las actividades que realizaste te acercan más a tu meta.

Sé Agradecido

Estas personas que te apoyaran son regalos para tu crecimiento personal. Por lo tanto, asegúrate de decírselos.

Recuerda no vas a poder llegar a donde quieres ir si vas solo. Necesitarás la ayuda de otras personas para guiarte en el camino, y eventualmente tu mismo te convertirás en un guía para otras personas que necesiten de tu apoyo.

Pasos a Seguir en la Apertura de un Negocio en los Estados Unidos

Paso # 1: Escribe el nombre que le vas a poner a tu negocio.

_____

Paso # 2: Escribe la industria a la cual pertenece tu negocio. Deberás leer la descripción de industrias que se encuentra en el Sistema Industrial de Clasificación de Norteamérica (North American Industry Classification System o **NAICS**).(2)

_____

735 **Paso # 3:** Define el tipo de Estructura Legal de Negocio que tendrá tu empresa.

736 _____

737 **Paso # 4:** Registra el negocio en el Condado donde vives.

738 Fecha de Registro: _____

739 Fecha de Certificación: _____

740 **Paso # 5:** Solicita tu número de Empleador (EIN - Employer Identification Number) al IRS
741   (Internal Revenue Service)[5]

742 Este número es el que va a identificar a tu negocio para llevar a cabo los pagos de contribución
743 federal.

744 Mi número de EIN es: _____

745 Si cuentas con un número de ITIN (Individual Identification Tax Number)[10] , deberás utilizar
746 la forma SS-4 y enviarla por correo regular al IRS (Internal Revenue Service). Tardará de 4 a 6
747 semanas para que recibas tu número.

748 Mi número de ITIN es: _____

749 **Nota:** En caso de NO tener un ITIN (Individual Identification Tax Number) deberás utilizar la
750 forma W-7(11) y enviarla por correo regular al IRS (Internal Revenue Service). Tardará de 4 a 6
751 semanas para que recibas tu número.

752 El objetivo del uso de la Forma W-7 son los siguientes:

753 Solicitar un número ITIN (Numero Individual de Identificación tributaria) que es un número que
754 consta de 9 dígitos que proporciona el IRS a los individuos que por propósitos federales necesitan
755 tener un número de identificación tributaria, pero que no tienen o no son elegibles para poder
756 tener un número de seguro social (SSN).

757 "El número de ITIN se da para que se puedan hacer los impuestos federales únicamente. El

número de ITIN no te da derechos para recibir beneficios del seguro social ni tampoco cambia tu   758
situación migratoria en Estados Unidos ni te da derecho de trabajar en los Estados Unidos".   759

Paso # 6: Abrir tu cuenta de NEGOCIOS en el Banco de tu preferencia.   760

Los documentos que deberás presentar son los siguientes: 761

- Identificación Personal.

- Registro del negocio en el Condado (DBA, siglas en inglés)

- Número de Empleador (EIN = Employer Identification Number). Puedes presentar la carta que te envía el IRS o solamente el número EIN.

Paso # 7: Obtener la Licencia o Permiso de la Ciudad (Business License) donde se   762
registró el negocio.   763

Fecha de obtención de la Licencia de Negocio _____   764

Ciudad de obtención de la Licencia de Negocio _____   765

Paso # 8: Es importante que verifiques cuales son los permisos adicionales que deberás obtener   766
del Estado donde vives, ya que estos son diferentes en cada Estado. Estos permisos dependen del   767
tipo de servicio, producto o industria respectiva.   768

Notas   769

(1)   https://www.dictionary.com/browse/passion

(2)   https://www.census.gov/eos/www/naics/2017NAICS/2017_NAICS_Manual.pdf

(3)   https://www.irs.gov/businesses/small-businesses-self-employed/business-structures

(4)   https://www.sba.gov/guia-de-negocios/lance-su-empresa/elija-una-estructura-comercial

(5)   https://www.irs.gov/businesses/small-businesses-self-employed/apply-for-an-employer-identification-number-ein-online

(6)   https://es.wikipedia.org/wiki/Condados_de_los_Estados_Unidos

(7)   https://es.wikipedia.org/wiki/Estado_de_los_Estados_Unidos

(8)   John C. Maxwell. Las 15 Leyes Indispensables del Crecimiento – Ley 2. La Ley de la Consciencia. Pg.17-34

(9)   https://www.irs.gov/es/businesses/small-businesses-self-employed/apply-for-an-employer-identification-number-ein-online

(10)   https://www.irs.gov/pub/irs-pdf/fw4sp.pdf,

(11)   https://www.irs.gov/es/newsroom/faqs-on-the-2020-form-w-4

(12)   https://www.irs.gov/pub/irs-pdf/fw7.pdf

770   INC Yourself, "How to profit by setting up your own corporation"

〜 MÓDULO 3 ⁷⁷¹

CAPÍTULO 1

MERCADOTECNIA ⁷⁷²

Iniciamos nuestro Módulo 3 reflexionando nuevamente sobre la siguiente frase: ⁷⁷³

"Las palabras y las emociones juntas son la fuerza más poderosa conocida por la humanidad".

Frank Luntz

Escribe qué tan consciente has estado en el uso de tus palabras y la emoción que utilizas al ⁷⁷⁴
decirlas o pensarlas. ⁷⁷⁵

_____ ⁷⁷⁶
_____ ⁷⁷⁷
_____ ⁷⁷⁸
_____ ⁷⁷⁹

Como sabemos el **LIDERAZGO**[2] es influencia nada más, nada menos; esa influencia es ⁷⁸⁰
importante que inicie contigo mismo para alcanzar esas metas que te has propuesto y has puesto ⁷⁸¹

782 por escrito, ese deseo de emprender, de crear tu propio negocio, continuar con el fin en mente
783 como lo menciona Stephen Covey en su libro **"Los 7 hábitos de la gente altamente efectiva"**[3] de
784 esta forma no pierdes de vista la meta final.

785 En cada módulo, vas adquiriendo más herramientas y más conocimientos. Estos te van acercando
786 cada vez a tu meta. Recuerda:

787 **Motivación:** Lo que te provoca a hacer algo.

788 **Liderazgo:** Influenciar a otros a tener tu VISIÓN empezando por TI.

789 **Talento:** Habilidades que desarrollas constantemente.

790 Definición de Mercadotecnia

791 La **mercadotecnia** es un proceso que comprende la identificación de **necesidades** y **deseos** del
792 mercado objetivo.

793 La mercadotecnia también es la formulación de **objetivos** orientados al **consumidor**, la
794 construcción de estrategias que crean un valor superior, la implantación de **relaciones** con el
795 consumidor y la retención del valor del consumidor.

La mercadotecnia pretende posicionar un producto, un servicio o una marca en la mente de los consumidores.

796 Este proceso comunica, entrega y posiciona el valor de un **Producto** o **Servicio** en la mente del
797 **Consumidor**.

798 La mezcla de **Mercadotecnia** contiene 6 Ps. Sin embargo, para los objetivos de este cuaderno de
799 trabajo nos enfocaremos únicamente en las 4 Ps principales.

800 Producto, Precio, Plaza y Promoción.

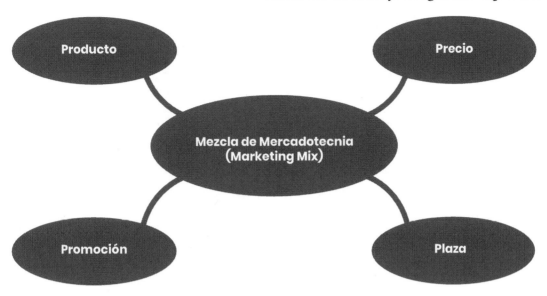

El **Producto** significa ese artículo o servicio que tú deseas vender. 801

El **Precio** significa que valor le vas a dar a ese artículo o servicio para que sea comprado. 802

La **Plaza** significa dónde vas a vender ese artículo o servicio y cuáles serán los canales de 803
distribución. 804

La **Promoción** significa que actividades vas a llevar a cabo para poder hacer atractivo tu producto 805
o servicio. Además, al cliente a quien diriges esas actividades de promoción y quién desee 806
comprarlo. 807

Al conjunto de estas Ps se le llama **"Mezcla de Mercadotecnia"**. La mezcla de mercadotecnia es de 808
uso común en todas las empresas desde su inicio y es parte importante del **Plan de Negocios** de 809
una empresa. 810

Ejercicio # 1 811

Utilizando las 4 Ps, describe a continuación cómo las utilizarás en relación con tu negocio. 812

813 ¿Cuál es tu **Producto** o **Servicio**?

814 _____

815 ¿Qué **Precio** tiene o tendrá tu producto o servicio?

816 _____

817 ¿En qué **Plaza** (dónde) y cómo darás a conocer tu producto o servicio?

818 _____

819 ¿Qué **Promoción** o actividades llevarás a cabo para dar a conocer tu producto o servicio
820 influenciando a tu prospecto (cliente potencial) para que lo compre?

821 _____

Estrategia de Mercadotecnia

823 La Estrategia de mercadotecnia es el **Arte** de crear un objetivo y una definición de tu marca o
824 negocio.

825 El **objetivo** abarca a los nuevos clientes o clientes actuales, los cuales compran o comprarán tu
826 producto o servicio.

827 La **definición** significa dónde (segmento de mercado al que te dirigirás) y cómo vas a competir
828 (posicionamiento).

829 Veamos la siguiente ilustración:

Objetivos de la Estrategia de Mercadotecnia

Atraer nuevos clientes

Mantener los clientes actuales

Ejercicio # 2

830

Define: ¿Quiénes son tus clientes actuales?

831

_____

832

Define: ¿Quiénes serán tus nuevos clientes?

833

_____

834

En Mercadotecnia, se define como **Segmento de Mercado** a aquellas personas que cuentan con las características que debe tener tu cliente actual o potencial. Las características que normalmente se consideran son:

835
836
837

- Demográficas.

- Geográficas.

- Comportamiento.

En las características **Demográficas**, se debe tomar en cuenta la edad, el sexo y el género.

838

En las características **Geográficas**, se debe tomar en cuenta donde vive el cliente actual o

839

840 potencial (colonia, ciudad, condado y estado).

841 En las características de **Comportamiento**, se debe considerar las siguientes preguntas: ¿Qué
842 compra?, ¿cómo compra?, ¿dónde compra?, ¿por qué compra?, etc. Veamos la siguiente
843 ilustración:

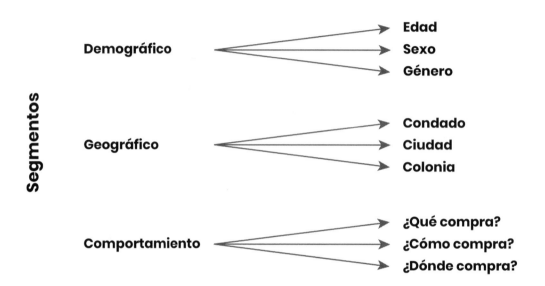

Objetivos de la Estrategia de Mercadotecnia

844 Ejercicio # 3

845 Define: ¿Dónde viven tus clientes?, ¿a cuantas millas de tu oficina o negocio de casa?, ¿tienes o vas
846 a tener clientes que vivan en otra ciudad? Nombra esas ciudades también.

847 _____
848 _____
849 _____
850 _____

Ejercicio # 4

851

Define: ¿Sabes qué compra tu cliente?, ¿ha comprado algo similar a tu producto o servicio en otro lugar? Escribe si sabes dónde lo ha comprado. ¿Cómo compra tu cliente o cliente potencial?, ¿en efectivo?, ¿con cheque?, ¿por internet?, ¿va a la tienda?, o ¿por recomendación?

852
853
854

_____ 855

_____ 856

_____ 857

_____ 858

Ejercicio # 5

859

En el siguiente párrafo, escribe como tú le ofreces a tu nuevo cliente tu producto o servicio pensando en todos los beneficios o características que puede obtener.

860
861

_____ 862

_____ 863

_____ 864

_____ 865

Ejercicio # 6

866

Como lo he mencionado anteriormente, la función de la mercadotecnia es la de estar presente en la mente del consumidor o cliente en todo momento.

867
868

869 ¿Qué actividades puedes hacer para lograr esto?, ¿qué recursos puedes utilizar para hacerlo?, ¿hay
870 cosas que debas aprender? ¿Cuáles son?

871 _____

872 _____

873 _____

874 _____

875 Ejercicio # 7

876 Escribe las palabras que puedes asociar con tu negocio, producto o servicio. Haz una lluvia de
877 ideas (Es importante que a TI te guste esa palabra y que la relacione con tu negocio).

878 _____

879 _____

880 _____

881 _____

∼ MÓDULO 3 882

CAPÍTULO 2

LA MERCADOTECNIA Y LOS MEDIOS 883
SOCIALES 884

La mercadotecnia aplicada en los medios sociales te ayuda a elevar tu audiencia y convertir a 885
personas interesadas en clientes potenciales de una forma significativa. 886

Es vital comprender el funcionamiento de las redes sociales a través de los medios sociales. La 887
respuesta de tu audiencia en cada una de ellas es muy importante, ya que te da la oportunidad de 888
analizar, evaluar y ejecutar el contenido que creas. 889

Es por ello la importancia de conocer algunas de estas redes sociales para que puedas definir cuál 890
de ellas utilizarás para promover tu negocio. 891

Son Medios Sociales: 892

Facebook[6]   https://www.facebook.com/ 893

Esta plataforma es de gran utilidad para crear comunidades generando 894
relaciones más dinámicas y fluidas con los clientes. Puedes construir una 895
imagen de marca, monitorizar la actividad de la página de tu empresa llegando 896
a conocer qué contenidos tienen mejor recepción y en qué momento nuestro 897
público está conectado gracias a las estadísticas de "Facebook Insights". 898
Facebook también se utiliza para fomentar relaciones personales y familiares a 899

900 nivel mundial.

901 **Twitter**   https://twitter.com

902 El objetivo primordial de Twitter es ser un medio social de índole informativo.
903 Esta plataforma es útil para dar información sobre las actividades que
904 tu empresa está llevando a cabo de una forma rápida y sencilla. En esta
905 plataforma, la información se ofrece de manera mucho más ágil y rápida. Por lo
906 tanto, es aconsejable hacer unas 5 actualizaciones al día.

907 **Instagram** https://www.instagram.com/

908 Instagram es un medio social para subir fotos y videos. Esta actúa como una
909 red social y sus usuarios también pueden aplicar gran diversidad de efectos
910 fotográficos como filtros, marcos, similitudes térmicas, colores retro y vintage.

911 Instagram, al ser un medio social divertido y visual, tiene un gran
912 poder de conectividad entre sus usuarios. Muchos de ellos lo utilizan para
913 acercarse a sus marcas favoritas y a otras personas. Por lo tanto, muchas personas lo usan con
914 fines de conocer a otras personas de mismas aficiones y gustos.

915 Puedes compartir imágenes o videos cortos de hasta 1 minuto, a los que le puedes dar un retoque
916 con los filtros de la misma aplicación.

917 **LinkedIn**   https://www.linkedin.com/

918 LinkedIn es un medio social de índole profesional. Se trata de una plataforma
919 que actúa como una red profesional ofreciendo a sus usuarios la posibilidad
920 de buscar nuevos clientes y ayudando a abrir nuevas relaciones con personas
921 o marcas que puedan ser de beneficio para tu negocio. En esta plataforma
922 también puedes dar a conocer tu negocio y tus servicios al proveer información
923 relevante de la misma.

924 **YouTube** https://www.youtube.com/

925 Este medio social se caracteriza por la posibilidad que da al usuario ofreciendo información

visual de sus servicios o productos. Youtube es sin duda un portal clave para 926
atraer consumidores para todo tipo de negocios. 927

Esta plataforma es especialmente útil para hacer negocios con productos cuya 928
promoción requiere de vídeo tutoriales y demostraciones. Simplemente es de 929
gran utilidad para presentar tus nuevos productos o servicios de una forma amena a través del 930
uso del video. 931

Medios Sociales Vs. Redes Sociales [7] 932

Facebook, Twitter o LinkedIn NO son redes sociales, sino medios sociales. Sin embargo, la red 933
social es la que crea Facebook, Twitter o plataformas similares al conectar a miles de usuarios, 934
compartir miles de mensajes e inducir a la interacción. 935

La traducción de **RED SOCIAL** es **"SOCIAL NETWORK"** y su definición es: 936

"Es una enorme estructura social formada por grupos de personas con intereses comunes, 937
pensamientos iguales, conectadas y construyendo lazos a través de comunidades". 938

Por lo tanto, la red social es la creación de vínculos y la conexión entre persona a través de los 939
medios sociales. 940

Se refiere a los Medios Sociales, es decir, al conjunto de plataformas, herramientas, aplicaciones 941
y medios de comunicación con los cuales creamos conversación, interacción, colaboración y 942
distribución de contenidos entre usuarios. 943

~ MÓDULO 3 ₉₄₄

CAPÍTULO 3

SITIO DE INTERNET DE TU NEGOCIO ₉₄₅

La importancia de tener el Sitio de Internet de tu Negocio: 946

En la actualidad es más que importante que tú tengas tu sitio de Internet, un espacio donde se   947
incluyen las palabras clave de tu actividad como vender plantas por ejemplo, y te otorga mejor   948
apariencia ante tus clientes potenciales (prospectos), ya que a través de este sitio de internet   949
puedes ampliar la información de tu negocio.   950

7 Motivos por los que tu Negocio Necesita un Sitio de Internet [8]   951

1. **Amplía Tu Mercado:** Tener un sitio de Internet te ofrece la oportunidad de llegar a más clientes. No importa si se trata de un negocio local, ya que alcanzan mayor presencia y visibilidad. Esto mejora las oportunidades de negocio y la captación de potenciales clientes.

2. **Mejora Tu Servicio Al Cliente:** El sitio de Internet sirve como canal de comunicación entre tus clientes, proveedores e incluso empleados. Atiende mejor a tus clientes proporcionando toda la información que necesitan sin necesidad de esperar un folleto. Además, gracias a los formularios de contactos, el cliente puede enviar sus dudas o

sugerencias directamente a la empresa de forma rápida. También, puedes realizar encuestas por internet para conocer la satisfacción de los consumidores con el fin de mejorar el servicio que ofreces.

3. **Disponible Las 24 Horas:** Una vez creado tu sitio de internet, siempre estará disponible para proporcionar información las 24 horas del día, esto no sería posible de otro modo debido a las limitaciones del horario comercial.

4. **Imagen Profesional:** Tener un sitio de internet, te permite hacer publicidad y promocionar tu negocio con una exposición a nivel mundial gracias al gran alcance que tiene el Internet pudiendo llegar incluso a nuevos mercados.

5. **Te Permite ser más Competitivo:** Estar en línea permite a tu empresa ser competitiva siendo más visible, permitiendo ampliar tu base de clientes, generando más ingresos y motivando a los usuarios a comprar más tus productos o servicios.

6. **Es una Herramienta de Venta:** A la hora de comprar, la tendencia de los consumidores es investigar en Internet antes de adquirir un producto o contratar algún servicio. Por este motivo, es importante que tu negocio tenga un portal donde puedas presentar tu oferta para que los clientes potenciales puedan consultar la información que necesitan antes de tomar una decisión. Esta puede realizarse mediante algún dispositivo móvil (celular) o a través de una computadora o tableta.

7. **Ahorrar en Publicidad:** Al contar con un sitio de internet de tu negocio, ahorrarás en publicidad puesto que sirve de escaparate permanente de tus productos o servicios, ahorrando en la impresión de folletos o catálogos, ya que en línea puedes exhibir tus productos ofreciendo información detallada y fotos a tus clientes potenciales.

952 https://monicaleadership.com/

Programa Emprendedor@s ©

https://www.revho.com/es/ 953

¿Qué es el Logotipo de tu Negocio y para qué Sirve? 954

Es muy importante que empieces a pensar en el Logotipo de tu negocio, ya que este es un 955
emblema formado por símbolos y textos que sirve para identificar a tu negocio, los servicios que 956
vas a comercializar y que tienen relación con el negocio. Lo más importante de un Logotipo es 957
que sea legible independientemente del tamaño que se use. 958

Logotipo de tu Empresa 959

960 # Ejercicio # 8

961 Escribe todo lo que llega a tu mente con el logo 1 (izquierda) y describe la imagen.

962 _____
963 _____
964 _____
965 _____

966 Escribe todo lo que llega a tu mente con el logo 2 (centro) y describe la imagen.

967 _____
968 _____
969 _____
970 _____

971 Escribe todo lo que llega a tu mente con el logo 3 (derecha) y describe la imagen.

972 _____
973 _____
974 _____
975 _____

976 ¿Qué notaste?, ¿por qué tuviste todos esos pensamientos? No hay nada que te de esa información.
977 ¿Qué pasó?

978 _____
979 _____
980 _____
981 _____

982 Si repasamos la definición de mercadotecnia nuevamente, te vas a dar cuenta que el trabajo de
983 mercadotecnia realizado por estas tres compañías han hecho su función. Te han hablado, como
984 digo yo al "oído", constantemente, ya que te han mostrado sus productos o servicios a través de
985 diferentes medios: visuales, escritos, radio, televisión, internet y medios sociales. Poco a poco se

han estado **Posicionando en tu Mente, El Consumidor**. Es interesante, ¿verdad? Esto te da una 986
idea del poder de una buena estrategia de mercadotecnia a través de su **Logotipo**. 987

Al iniciar la creación de tu logotipo, es también importante que pienses en la historia de tu 988
negocio. ¿Por qué lo quieres formar? Sabemos que el interés #1 de iniciar un negocio es para 989
generar ingresos. Sin embargo, también lo hacemos porque tenemos un talento definido o porque 990
queremos satisfacer una necesidad que vemos en el mercado. Cuando pones estos elementos 991
juntos, estás **Creando la Historia de tu Negocio**, y esa creación tiene algunos componentes 992
emocionales. Estos componentes emocionales deben de ir plasmados también en el **Logotipo** de 993
tu negocio, ya que esto forma una parte importante para transmitir el mensaje de tu negocio. 994

Permíteme compartir un poco de historia contigo. Interesantemente la palabra "Logos" viene del 995
griego que significa: pensamiento, concepto, palabra o razón, que es precisamente lo que quieres 996
definir con tu **Logotipo**. 997

Una vez definido y creado el **Logotipo**, es importante considerar otras formas de cómo promover 998
tu negocio. Algunas de estas pueden ser a través de tarjetas de presentación, folletos o volantes 999
informando acerca de tu producto o servicio. Esta forma de promoción se lleva a cabo de manera 1000
muy común en la práctica para dar a conocer un negocio. 1001

∾ MÓDULO 3
1002

CAPÍTULO 4

LA IMPORTANCIA DEL NETWORKING O
1003
CONEXIÓN DE REDES
1004

Pasemos ahora a otro tema de suma importancia que la mayoría de las personas de nuestra   1005

comunidad hispana desconocen al iniciar su negocio. Esta es la Conexión de Redes o Networking   1006

en inglés.   1007

La definición de Conexión de Redes o Networking es: 1008

"Acudir a actividades y eventos con el fin de incrementar tu RED de contactos
profesionales y buscar oportunidades de negocio".

La Conexión de Redes o Networking   1009

bien aplicada nos sirve para   1010

incrementar nuestro volumen de   1011

negocios gracias a un incremento   1012

de contactos rentables siguiendo   1013

una estrategia comercial o un plan   1014

de mercadotecnia y generando   1015

notoriedad hacia nuestro negocio.   1016

1017 **¿Para que más nos Sirve la Conexión de Redes o Networking?**

1. Afianzar la relación con tus clientes actuales.

2. Conocer mejor, y en un entorno más relajado, a tus clientes actuales.

3. Dar a conocer a tu empresa o idea de negocio.

4. Darte a conocer personalmente con una idea de desarrollo profesional.

5. Dar a conocer nuevos productos o servicios de tu negocio.

6. Detectar oportunidades de negocio.

7. Conocer a potenciales clientes o socios comerciales.

8. Alcanzar a personas de alto nivel o de difícil acceso.

9. Vender, Vender y Vender.

1018 **Organización de tu Agenda para Llevar a cabo Conexión de Redes o Networking**

1. Tener claro qué ofreces tanto a nivel profesional como de tu negocio.

2. Definir tu clientela, el público a quienes tu producto o servicio les dará un beneficio.

3. Hacer una lista de todos aquellos clientes con los que te gustaría poder hacer negocios.

4. Buscar aquellas organizaciones que te puedan dar contactos.

5. Participar en grupos que te sean afines y en los que puedas encontrar tu clientela.

El Diálogo del Elevador o Elevator Speech   1019

En los Estados Unidos, se conoce como el "Elevator Speech" a una forma rápida de presentarte   1020
dándote a conocer. Así como dando a conocer tus productos o servicios. Se dice que este no debe   1021
durar más de 20 o 30 segundos, ya que es el tiempo que toma ir de un piso a otro en un elevador.   1022

Ejercicio # 9   1023

Crea tu Diálogo del Elevador o Elevator Speech.   1024

Modelo: Ayudo [nombre de tu mercado principal] [problema que resuelves con tu producto o   1025
servicio] [como resuelves el problema]   1026

Nota: Sigue los ejemplos al crear tu diálogo del elevador.   1027

Ejemplo #1:   Ayudo a los profesionales en ventas a desarrollar sus talentos en comunicación y   1028
liderazgo con el fin de apoyarlos a construir un equipo fuerte y cohesivo.   1029

Ejemplo #2:   Ayudo a los profesionales en ventas a desarrollar sus talentos en comunicación   1030
y liderazgo con el fin de que puedan construir equipos fuertes y cohesivos superando cualquier   1031
dificultad que se les presente en su crecimiento.   1032

Puede ser que tu interlocutor (prospecto) te pregunte: ¿Cómo haces eso?, ¿cómo lo haces?, y tu   1033
respondes: Lo hago facilitando (mencionas tus servicios).   1034

1035 Ejemplo: Lo hago facilitando grupos de mentes magistrales que tienen duración de 6 semanas.

1036 Estos talleres son gratuitos, y además, invito a personas y líderes con ideas similares quienes se

1037 dedican y están motivados a llevar a cabo cambios duraderos y efectivos en sus vidas de una

1038 forma colectiva.

1039 Crea tu presentación:

1040 _____

1041 _____

1042 _____

1043 _____

1044 Inicia mencionando tu nombre y tu cargo o título en tu negocio:

1045 **Ejemplo 1:** Mi nombre es Mónica Robles, soy Coach de Liderazgo, Oradora y Capacitadora con el

1046 **Equipo de John Maxwell.**

1047 **Ejemplo 2:** Mi nombre es Mónica Robles, soy Fundadora y Presidenta de **"Heart Centered**

1048 **Leadership Coaching & Consulting Group".**

1049 _____

1050 _____

1051 _____

1052 _____

1053 Menciona tu **Mercado** principal:

1054 _____

1055 _____

1056 _____

1057 _____

1058

¿Cómo resuelves su problema con tus productos o servicios? 1059

_____ 1060

_____ 1061

_____ 1062

_____ 1063

¿Cómo lo haces? 1064

_____ 1065

_____ 1066

_____ 1067

_____ 1068

Otras Sugerencias para Llevar a cabo Actividades de Conexión de Redes Exitosas 1069

- Suscríbete a boletines de noticias que toquen temas de tu interés. Más vale tener exceso de información que no estar informado.

- Busca comunidades virtuales, foros de discusión o grupos de noticias de tu interés.

- Visita las principales páginas de las Cámaras de Comercio Hispanas, verifica que actividades de conexión de redes tienen programadas para el mes y ¡Participa!

- Recomienda eventos a tus conocidos y déjales saber que cuentan también contigo para informarles de aquellos que te puedan interesar.

- Crea tus propios eventos e informa de ello a todos tus contactos. Hazlos visibles sobre todo en los medios sociales.

- Practica tu diálogo del elevador constantemente hasta que lo asimiles y al hablarlo lo hagas de forma natural.

MÓDULO 3 ₁₀₇₀

CAPÍTULO 5

5 CONSEJOS DE PUBLICIDAD PARA TU [1071] NEGOCIO [1072]

1. **Conoce a tu Cliente:** Realiza un ejercicio en el que describas a los posibles consumidores de tu producto o servicio, y las razones por las que te preferirán por encima de otros.

2. **Invierte en Publicidad Impresa:** La publicidad impresa no ha muerto. Aunque la era digital está ganando terreno, la publicidad impresa, como postales y volantes, todavía tiene mucho impacto. En especial, si ya seguiste el primer paso y sabes donde ubicar tu segmento de mercado (clientes potenciales).

3. **Dale un Toque Personal a tu Marca:** ¿Qué es lo que hace a tu negocio distinto de los demás? Que tu conozcas lo que te diferencia no solo es importante en tu plan de negocios, sino también en tu estrategia de mercadotecnia. Si pierdes la oportunidad de destacar los beneficios de tu producto o servicio, es posible que tu cliente no se **Enganche**.

4. **Utiliza la Tecnología:** Utiliza los medios sociales, y crea el sitio de internet de tu negocio que sea atractivo y bien configurado. También, crea un boletín informativo semanal o mensual. Las herramientas tecnológicas están a la vanguardia en el modelo de negocios, ya que puedes atraer a más clientes si te encargas de que los aspectos sociales e interactivos de tu negocio estén en orden.

5. **Consistencia, Constancia y Coherencia:** Siempre presta mucha atención a la publicidad de tu negocio, ya que te ayudará a plantarte en el mercado y convertirte en el verdadero dueño de una marca digna de recordar.

Como has visto, hemos tocado varios puntos muy importantes en el área de mercadotecnia. Tal vez, algunos ya los conocías o los habías escuchado. Sin embargo, quizás todavía no los has puesto en práctica. Te pido que si tu deseo es el de abrir tu negocio o mejorar el que ya tienes y hacerlo con la formalidad debida para generar el ingreso que quieres, vuelvas a leer este capítulo con detenimiento y hagas conscientemente todos los ejercicios que aquí te presento.

Notas

(1) Frank Luntz – Entrevista "Frank Luntz, Frontiline. PBS Retrieved March 23, 2007.

(2) John C. Maxwell, Libro: Las 21 Leyes Irrefutables del Liderazgo, pg. 13

(3) Stephen Covey, Libro: Los 7 hábitos de gente altamente efectiva.

https://www.facebook.com/

https://twitter.com

https://www.instagram.com/

https://www.linkedin.com/

https://www.youtube.com/

Referencias:

(1)   Don Miguel Ruiz, Libro los 4 Acuerdos, pg.

(2)   Libro: Rompehielo

(3)   John C. Maxwell, Libro: Las 21 Leyes Irrefutables del Liderazgo, pg. 15

(4)   Judith H. McQuown, Libro: INC yourself, 11th. Edition. Pg. 21 & 22

(5)   http://www.muyamba.com/que-redes-sociales-existen-y-para-que-sirve-cada-una/

(6)   https://grupographic.com/7-motivos-los-empresa-necesita-una-pagina-web/

∿ MÓDULO 4 ₁₀₈₆

CAPÍTULO 1

VENTAS ₁₀₈₇

Iniciamos nuestro Módulo 4 reflexionando nuevamente sobre la siguiente frase: 1088

"Las palabras y las emociones juntas son la fuerza más poderosa conocida por la humanidad".

Frank Luntz

Escribe qué tan consciente has estado en el uso de tus palabras y la emoción que utilizas al 1089
decirlas o pensarlas. 1090

_____ 1091
_____ 1092
_____ 1093
_____ 1094

Como sabemos el LIDERAZGO[2] es influencia nada más, nada menos; esa influencia es 1095
importante que inicie contigo mismo para alcanzar esas metas que te has propuesto y has puesto 1096
por escrito, ese deseo de emprender, de crear tu propio negocio, continuar con el fin en mente 1097

1098 como lo menciona Stephen Covey en su libro "**Los 7 hábitos de la gente altamente efectiva**"[3] de
1099 esta forma no pierdes de vista la meta final.

1100 En cada módulo, vas adquiriendo más herramientas y más conocimientos. Estos te van acercando
1101 cada vez a tu meta. Recuerda:

1102 **Motivación:** Lo que te provoca a hacer algo.

1103 **Liderazgo:** Influenciar a otros a tener tu VISIÓN empezando por TI.

1104 **Talento:** Habilidades que desarrollas constantemente.

1105 ¿Qué es una Venta?

1106 Es el intercambio comercial de bienes y servicios por una remuneración económica.

1107 ¿Cómo Puedes Influenciar a tu Cliente?

- Haciendo preguntas sobre sus necesidades.

- Presentando opciones de tus productos o servicios para cubrir esa necesidad.

- Haciendo preguntas acerca de la persona y su estilo de vida.

- Haciendo preguntas acerca de su familia.

- Haciendo preguntas de las cosas que le gusta hacer en sus ratos libres.

- Creando una relación personal con el cliente.

- Siendo agradable con el cliente.

- Estableciendo la técnica de urgencia o escasez.

- Explicando los beneficios de tu producto o servicio.

- Dejándose influir por el cliente durante la conversación.

- Pie en puerta.

Analicemos cada una de estas actividades.   1108

Haciendo Preguntas Acerca de la Persona y su Estilo de Vida   1109

Esta práctica es muy simple, ya que es con el fin de conocer un poco más de tu cliente o   1110
prospecto. Esto lo puedes llevar a cabo de una manera genuina en la cual le demuestres a tu   1111
cliente que estás interesado en él o ella.   1112

Haciendo Preguntas Acerca de su Familia   1113

Le puedes preguntar sobre su familia, cuántos hijos tiene, qué actividades le gusta realizar con   1114
ellos, etc.   1115

Haciendo Preguntas Acerca de las Actividades que le Gusta Hacer en sus Ratos   1116
Libres   1117

Puedes iniciar preguntando sencillamente: ¿Qué le gusta hacer en sus ratos libres? En tu mente   1118
puedes ir conectando la información que te de y que se relacione con tu producto o servicio.   1119

1120 Creando una Relación Personal con el Cliente

1121 Tu cliente debe saber que estás auténticamente interesado en él o ella creando necesidad genuina,
1122 y que a través de este intercambio de información, le podrás hacer que se sienta importante e
1123 influenciarlo positivamente.

1124 Ser Agradable con el Cliente

1125 A todos nos gusta que nos traten bien, por eso la importancia de usar un tono agradable para que
1126 puedas generar empatía con tu cliente y de esa forma generar confianza.

1127 Establecer la Técnica de la Urgencia o Escasez

1128 Generar la idea de que el producto o servicio que estás ofreciendo tiene un límite de compra, ya
1129 sea por que es un producto o servicio de promoción especial o por agotamiento de existencias.
1130 Crear esta sensación de escasez puede ayudar a acelerar la decisión de compra del cliente.

1131 Explicar los Beneficios de tu Producto o Servicio

1132 Mostrarle a tu cliente las ventajas y beneficios que tu producto o servicio ofrecen. Además, que
1133 pueden resolver el problema que ellos tienen.

1134 Dejarse Influir por el Cliente Durante la Conversación

1135 Es importante escuchar activamente las ideas de tu cliente y ser respetuoso de ellas. Esto te ayuda
1136 a generar confianza y establecer un vínculo de relación con él o ella.

Pie en Puerta

Trata de pedirle algo pequeño como pedirle que responda a algunas preguntas (hacerle un cuestionario creado por ti con 2 o 3 preguntas definidas) con el fin de establecer confianza antes de pedirle algo más significativo como comprar tus productos o servicios.

También es Importante Hacer Preguntas Abiertas

Las preguntas abiertas son aquellas que puedes contestar con explicaciones o descripciones largas, ya que no se pueden responder con monosílabos.

Las preguntas abiertas pueden ser respondidas en forma más profunda, contrariamente a preguntas cerradas que pueden ser respondidas con un simple SÍ o NO.

La intención de generar preguntas abiertas es de que te den la mayor cantidad de información para que puedas conocer más las necesidades y preocupaciones de tu cliente.

Las preguntas abiertas van precedidas de un pronombre o adjetivo como:

- ¿Qué?

- ¿Cómo?

- ¿Por qué?

- ¿Para qué?

- ¿Dónde?

- ¿Te gustaría?

- ¿Alguna vez?

En qué usamos preguntas abiertas:

- Para desarrollar una conversación e incitar a una persona a la apertura social.

- Para conocer más sobre una persona, sus deseos, necesidades, problemas, etc.

- Para ayudar a las personas a conocerse y conocer sus necesidades.

1150 # Ejercicio # 1

1151 Escribe de qué otra forma puedes **INFLUENCIAR** a tu cliente para que adquiera tu producto o
1152 servicio.

1153 _____
1154 _____
1155 _____
1156 _____

1157 # Ejercicio # 2

1158 Escribe qué pronombre o adjetivo utilizarías para iniciar una conversación con tu cliente o
1159 prospecto.

1160 _____
1161 _____
1162 _____
1163 _____

Ejercicio # 3

1164

Escribe los beneficios y ventajas de tu producto o servicio.

1165

_____ 1166

_____ 1167

_____ 1168

_____ 1169

~ MÓDULO 4 ₁₁₇₀

CAPÍTULO 2

CERRANDO LA VENTA ₁₁₇₁

¿Qué es el Cierre de la Venta? 1172

El cierre de venta es el momento culminante y decisivo. El instante en que el **Emprended@r Se** 1173
Juega el Todo por el Todo. 1174

Tu cliente o prospecto te ha expresado todas sus objeciones y necesidades. Por lo tanto, tú como 1175
Emprended@r ya has reunido toda la información posible. Todo está en tus manos y dependerá 1176
de tu creatividad y argumentación. 1177

El cierre de la venta es parte importante de la prospección, ya que debes de destacar los beneficios 1178
de tu organización, servicio o producto. 1179

Cuando cierras con éxito, confirmas que entendiste muy bien las necesidades de tu cliente. 1180

1181 ¿Cuándo Debes Hacer el Cierre de la Venta?

- Cuando ya contestaste todas las preguntas de tu cliente

- Cuando sabes que ya no hay más objeciones del producto o servicio.

"Cuando cierras con Éxito, confirmas que entendiste muy bien las necesidades de tu cliente".

~ MÓDULO 4 1182

CAPÍTULO 3

COMO EL LIDERAZGO INFLUENCIA EN 1183 LAS VENTAS 1184

¿Quiénes son Líderes? 1185

Como te has dado cuenta durante el transcurso de estos módulos y capítulos, la persona más 1186 importante a la que me he estado dirigiendo es a ti, ya que eres la persona que tiene este cuaderno 1187 de trabajo y empoderamiento en sus manos. Con el firme propósito de crear tu propio negocio, de 1188 poner tus talentos y habilidades a trabajar por y para ti en este contexto que te presento, contesta 1189 entonces: ¿Quién es el **Líder**?, ¿a quién nos estamos refiriendo? Escríbelo. 1190

_____ 1191

_____ 1192

_____ 1193

_____ 1194

1195 Líderes

1196 Si en la respuesta a mi pregunta contestaste tu nombre o **YO**, estás en lo correcto. Tú eres el **Líder**,
1197 ya sea que lo creas o no. La definición más sencilla de quién es un **Líder** es **aquella persona que**
1198 **tiene la habilidad de influenciar a otros.**

1199 Ponte a pensar. ¿Has recomendado alguna película a tus amistades?, ¿le has pedido a tus hijos
1200 llevar alguna actividad que consideras de beneficio para ellos y lo han hecho?, ¿has hablado con
1201 tu compadre o comadre y le has expresado tu punto de vista acerca de algo de lo cual tú tienes
1202 conocimiento? Te puedo hacer una serie de preguntas con el fin de que tú mismo te des cuenta y
1203 aprecies que el líder **ERES TÚ**. Tal vez, hasta el día de hoy no te habías dado cuenta. Sin embargo,
1204 esa es una verdad. Ahora que lo sabes, ¿cómo vas a utilizar esa influencia en tu beneficio?

1205 Ejercicio # 4

1206 Escribe qué sientes al saber y reconocer que el **LÍDER ERES TÚ**.

1207 _____
1208 _____
1209 _____
1210 _____

1211 Hablemos ahora acerca de una de las Leyes más importante del Libro: **"Las 21 Leyes Irrefutables**
1212 **del Liderazgo"**[2] del autor John Maxwell. La primera ley, la ley del tope nos dice que **"la**
1213 **capacidad de liderazgo determina el nivel de eficacia de la persona"**. ¿Qué significa esto?
1214 Simplemente que el éxito personal **SIN** capacidad de liderazgo solo produce una eficacia limitada.
1215 Tu impacto representa solo una fracción de lo que podría ser si tú incrementas tu capacidad de
1216 liderazgo. Cuanto más alto desees escalar y ganar dinero, tanto más vas a necesitar del liderazgo.
1217 Además, cuanto más alto esté **TU** nivel de liderazgo, tanto mayor será el tope de tu eficacia. Lo
1218 que alcances estará restringido por tu capacidad de dirigir e influenciar a otros. Veamos cómo se
1219 aplica este concepto en la siguiente gráfica.

La Ley del Tope

La capacidad de liderazgo determina el nivel de eficacia de una persona.

En las gráficas, te puedes dar cuenta que tu dedicación al **ÉXITO** es muy efectiva, ya que tienes un 9. Sin embargo, si tu capacidad de liderazgo es baja, aquí tienes un 1. Entonces, tu efectividad está limitada por tu capacidad de dirigir a otras personas. ¿Entonces cuáles son tus opciones? Al estar consciente de que tienes una capacidad de liderazgo baja, puedes empezar a trabajar más enfocadamente para **AUMENTAR** tu capacidad (nivel) de liderazgo, y de esta forma estarías aumentando un 600% como nos dice John Maxwell. El liderazgo tiene un efecto multiplicador.

Si el liderazgo es fuerte, el tope es alto. Sin embargo, si el liderazgo no es fuerte, entonces tu capacidad tiene un tope bajo. A continuación, te presento en forma gráfica muy sencilla el comentario anterior.

1220
1221
1222
1223
1224
1225

1226
1227
1228

1229 # Ejercicio # 5

1230 Te invito a que hagas el siguiente ejercicio. Tienes 21 características en la gráfica siguiente. En
1231 cada característica ponle un número del 1 al 5 siendo 1 el número más bajo y el 5 el número
1232 más alto. Una vez que hayas puesto el número a cada una de las características, suma todos los
1233 números y los divides entre 21. ¿Qué número obtuviste? ¿En qué áreas diste los números más
1234 bajos? ¿Sientes que necesitas trabajar más enfocadamente en esas áreas? ¿En qué áreas tienes los
1235 números más altos? ¿Es eso real?

1236 ## ¿Cuál es el Número de MI LIDERAZGO?

1237 ## Dinámica

1238 Del 1 al 5 pon el número que corresponda.

1239 _____ Carácter   _____ Enfoque   _____ Responsabilidad

1240 _____ Carisma   _____ Generosidad   _____ Relaciones

1241 _____ Compromiso   _____ Iniciativa   _____ Seguridad

1242 _____ Comunicación   _____ Escuchar Activamente   _____ Auto-Disciplina

1243 _____ Competencia   _____ Pasión   _____ Servidor

1244 _____ Coraje   _____ Actitud Positiva   _____ Educabilidad

1245 _____ Discernimiento   _____ Resolución de Problemas _____ Visión

1246   Total _____ ÷ 21 = _____

¿Cuáles son tus observaciones al llevar a cabo el ejercicio?

1247

_____ 1248

_____ 1249

_____ 1250

_____ 1251

∿ MÓDULO 4 1252

CAPÍTULO 4

DEFINIENDO LAS METAS DE VENTAS DE 1253 TU PRODUCTO O SERVICIO 1254

Iniciemos recordando que son las **METAS**.   1255

Las **METAS** son **Sueños** que la **CONSTANCIA** hace realidad. Así de sencillo y en innumerables   1256
ocasiones, las personas tienen una meta que inician con muchísimo entusiasmo y determinación.   1257
Sin embargo, solo para darse cuenta al cabo de unas semanas de que no continuaron y de que esa   1258
meta se les olvidó, ya que quedó en el baúl de los recuerdos y el sueño también quedó ahí.   1259

Recordemos que las **METAS** tienen 6 características. Esto lo vimos en el primer módulo. Estas   1260
características son: 1261

- **Por Escrito** – Es la primera forma de **MANIFESTAR** tu deseo y para que no la olvides.

- **Con Fecha** – Es la forma de **MEDIR** si la logras o no y qué pasos debes realizar.

- **Alcanzables** – Debe estar dentro de lo que tú ya sabes que puedes hacer para darte confianza.

- **Realizables** – Es importante que tú la puedas llevar a cabo con las herramientas que tienes.

- **Personal** – Si la meta no es tuya, no vas a enfocarte realmente o la vas a dejar pronto.

- **Específicas** – Es importante saber **QUÉ QUIERES**. Por lo tanto, tómate el tiempo necesario y reflexiona.

1262 Ejercicio # 6

1263 Responde la siguiente pregunta: ¿Quiénes son los Jugadores Clave de tu producto o servicio?

1264 _____
1265 _____
1266 _____
1267 _____

1268 Es muy importante que siempre tengas en mente a quién estás sirviendo con tu producto
1269 o servicio. Al tener a tu cliente siempre presente vas a conocer más de cerca sus deseos y
1270 necesidades dándote la oportunidad de poderlos servir.

1271 El siguiente ejercicio es con el fin de que aprendas a saber de dónde vienen tus ingresos. Por lo
1272 tanto, ¿cuál es tu **META ECONÓMICA**? El ingreso mensual y trimestral que deseas obtener por
1273 la venta de tu producto o servicio.

1274 Ejercicio # 7

1275 Escribe de qué producto o servicio vas a recibir el dinero (Fuente de Ingreso). Por ejemplo: Voy
1276 a vender 200 tamales a $2 cada uno de Lunes a Viernes. Entonces, la ecuación que desarrollas es
1277 de: 200 tamales x $2 con una igualdad de $400 dólares al día. Luego lo multiplicas por 5 días a la
1278 semana. Ese resultado $2,000 lo vuelves a multiplicar por 4 semanas que tiene el mes dándote un
1279 total de $8,000 al mes. Finalmente este resultado mensual lo multiplicas por 3 meses dándote un

resultado final de $24,000, que es tu meta trimestral. Estas serían tus dos metas: la mensual y la 1280
trimestral. 1281

Metas de Ingresos de Mi Negocio o Servicio

Fecha: _____ Nombre del Negocio: _____

Fuente de Ingreso	Meta Mensual	Meta Trimestral

1282 También, es importante saber cuál es el costo de producir los tamales. ¿Cuánto te cuesta la harina,
1283 la carne, los ingredientes, el tiempo de cocido, el gas que consumes a la hora del preparado, y si
1284 es estufa de gas o eléctrica. También, es importante que incluyas cuanto cuesta tu hora de trabajo.
1285 Muchas personas al iniciar sus propios negocios no consideran el tiempo que les toma producir
1286 un producto o servicio. Este es muy importante para considerarlo en la ecuación de tus Costos. A
1287 todo ponle números, de esta forma podrás saber realmente cuál es tu ganancia. Entonces nuestra
1288 ecuación quedaría así:

1289   Costo por producir 1 tamal: $0.90 cts.

1290   Costo de gasolina por la entrega: $0.20 cts.

1291   Costo total del producto (tamal): $1.10 x 200 tamales = $220.00

1292   Precio de Venta: $2.00

1293   Ganancia Neta: $0.90 cts. x 200 tamales = $180.00

1294 El ejemplo anterior es para que te des una idea de que cuando vendes un producto, este tiene
1295 un costo de producción. En cuanto a los servicios, estos se cobran por hora, por evento o por
1296 contrato. Sin embargo, debes ponerle un precio a tu hora de trabajo basado en la situación del
1297 mercado actual.

1298 Desarrolla este ejercicio lo más conscientemente posible. Si te da flojera hacerlo, es el primer
1299 indicio de que realmente **NO ESTÁS PREPARADO** para emprender un negocio. Los negocios
1300 son como los niños recién nacidos, ya que requieren mucha atención y una atención constante.
1301 ¿Estás dispuesto a darle esa atención a tu negocio y a tus clientes? ¿Vale la pena el sacrificio para
1302 ti?

1303 _____
1304 _____
1305 _____
1306 _____

～ MÓDULO 4 ₁₃₀₇

CAPÍTULO 5

MISIÓN, VISIÓN Y VALORES DE TU NEGOCIO

1308

1309

Veamos ahora otros elementos importantes de tu nuevo negocio. 1310

¿Qué es la Misión de un Negocio?

1311

MISIÓN[3]

1312

Es el motivo, propósito, fin o razón de ser de la existencia de un negocio u organización porque define:

1313

1314

1. Lo que pretende cumplir en su entorno o sistema social en el que actúa.

2. Lo que pretende hacer.

3. Para quién lo va a hacer.

1315 La Misión dependerá del tipo de negocio que se trate.

1316 VISIÓN:

1317 La visión es una exposición clara que indica hacia dónde se dirige la empresa a largo plazo
1318 y en qué se deberá convertir tomando en cuenta el impacto de las nuevas tecnologías, de las
1319 necesidades y expectativas cambiantes de los clientes, de la aparición de nuevas condiciones de
1320 mercado y de los recursos con que se disponen.

1321 VALORES:

1322 Se define como el camino al cual se dirige la empresa a largo plazo que sirve de rumbo y aliciente
1323 para orientar las decisiones estratégicas de crecimiento junto a las de competitividad.

1324 Veamos la misión, visión y valores de Apple.

1325 **Misión de Apple:** Contribuir a mejorar la vida de nuestros clientes modificando sus formas de
1326 trabajar, de aprender y de comunicarse a través de delicados productos de cómputo personal e
1327 innovadores servicios.

1328 **Visión de Apple:** Mejorar la calidad de vida de nuestros clientes a través de tres
1329 pilares: profesionalismo, tecnología y trayectoria para lograr ser reconocidos como la
1330 empresa líder en tecnologías de información, comunicación y entretenimiento.

1331 Si analizamos ambos conceptos nos damos cuenta que la misión de tu negocio no tiene que ser
1332 un pergamino de cosas. Al crear la misión de tu negocio, te pedimos que te enfoques en el porqué
1333 de emprender este negocio, a quién le vas a servir con tu producto o servicio, el porqué les quieres
1334 servir y qué quieres lograr a mediano plazo.

1335 En la visión, es pensar en los mismos factores anteriores. Sin embargo, lo debes llevar más lejos.
1336 Imagínate de 5 a 10 años, y pregúntate en qué quieres que tu empresa se convierta, y cómo quieres
1337 que tus clientes y las personas en general vean a tu empresa. Nuevamente debes de ser conciso y
1338 preciso al escribir estos conceptos.

Ejercicio # 8

1339

Escribe la Misión de tu negocio contestando las siguientes preguntas. Recuerda, aquí se trata de escribir acerca del negocio no de ti. Es importante que leas nuevamente la información que hemos cubierto en los Módulos del 1 al 4. Si has hecho todos los ejercicios, ahí encontrarás las respuestas.

MISIÓN

¿Cuál es el propósito por el que le estoy dando existencia a este negocio?

_____

_____

_____

_____

¿Qué necesidad del entorno social/económico/comunitario deseo cubrir?

_____

_____

_____

_____

¿Por qué deseo cubrir esa necesidad?

_____

_____

_____

_____

1360 ¿Cómo lo voy a hacer?

1361 _____

1362 _____

1363 _____

1364 _____

1365 ¿Cómo me voy a beneficiar al cubrir esa necesidad común de mi entorno social/económico?

1366 _____

1367 _____

1368 _____

1369 _____

1370 ¿Para quién lo voy a hacer?

1371 _____

1372 _____

1373 _____

1374 _____

1375 **VISIÓN**

1376 ¿Hacia dónde quiero dirigir mi negocio a mediano plazo?

1377 _____

1378 _____

1379 _____

1380 _____

VALORES

¿Cuáles son los principios que valoro como persona, deseo practicar y fomentar en mi negocio?

_____

_____

_____

_____

¿Por qué son importantes estos principios para mí?

_____

_____

_____

_____

¿Cuál es el legado que quiero dejar a mi familia, comunidad, amigos, conocidos y allegados?

_____

_____

_____

_____

NOTAS:

(1)   Frank Luntz –

(2)   John C. Maxwell – Libro: Las 21 Leyes Irrefutables del Liderazgo – Pág. 6 a 10

(3)   Definición de Misión, visión y Valores

(4)   https://concepto.de/mision-y-vision/#ixzz4afovTqGj

〜 MÓDULO 5 1398

CAPÍTULO 1

EL PLAN DE NEGOCIOS 1399

Iniciamos nuestro Módulo 5 reflexionando nuevamente sobre la siguiente frase: 1400

"Las palabras y las emociones juntas son la fuerza más poderosa conocida por la humanidad".

Frank Luntz

Escribe qué tan consciente has estado esta última semana en el uso de tus palabras y la emoción 1401
que utilizas al decirlas o pensarlas. 1402

_____ 1403
_____ 1404
_____ 1405
_____ 1406

Como sabemos el **LIDERAZGO**[2] es influencia nada más, nada menos; esa influencia es 1407
importante que inicie contigo mismo para alcanzar esas metas que te has propuesto y has puesto 1408
por escrito, ese deseo de emprender, de crear tu propio negocio, continuar con el fin en mente 1409

1410 como lo menciona Stephen Covey en su libro **"Los 7 hábitos de la gente altamente efectiva"**[3] de
1411 esta forma no pierdes de vista la meta final.

1412 En cada módulo, vas adquiriendo más herramientas y más conocimientos. Estos te van acercando
1413 cada vez a tu meta. Recuerda:

1414 **Motivación:** Lo que te provoca a hacer algo.

1415 **Liderazgo:** Influenciar a otros a tener tu VISIÓN empezando por TI.

1416 **Talento:** Habilidades que desarrollas constantemente.

¿Qué es un Plan de Negocios?

1418 Es la visualización de las actividades que deseas implementar en la creación de un negocio y la
1419 ruta por seguir al emprender un nuevo proyecto. La metodología que un **Emprended@r** decide
1420 crear con el fin de ir midiendo sus **METAS** económicas, financieras y de recursos humanos. Su
1421 proyección es generalmente de 3 a 5 años.

1422 Un buen plan de negocios(3) te guía por cada etapa de inicio y administración de tu negocio. Tu
1423 plan de negocios te servirá como mapa de ruta para estructurar, operar y hacer crecer tu nuevo
1424 negocio. Es una forma de considerar en detalle las variables que son clave para tu negocio.

1425 Los planes de negocios pueden ayudarte a obtener financiamiento o atraer a nuevos socios. Los
1426 inversionistas desean tener la confianza de que su inversión les reditúa. Tu plan de negocios es
1427 el instrumento que utilizarás para influenciar a la gente de que trabajar contigo o invertir en tu
1428 compañía es una opción inteligente.

1429 No hay forma correcta ni incorrecta de redactar un plan de negocios. Lo importante es que tu
1430 plan satisfaga tus necesidades y de la información adecuada a los posibles inversionistas.

1431 En general, los planes de negocios caen en una de dos categorías frecuentes: **tradicional** o **lean**
1432 **startup**. Los planes de negocios tradicionales son más comunes, ya que utilizan una estructura

estándar y te motivan a entrar en detalle en cada sección. Tienden a requerir más inversión de tiempo al principio y pueden requerir varias páginas.

Los planes de negocios lean startup (inicio fácil) son menos comunes, ya que también utilizan una estructura estándar porque se concentran en resumir los puntos más importantes y pueden redactarse en poco tiempo al requerir apenas una página.

A continuación, te presento las variables que contiene un Plan de Negocios tradicional.

- Planeación de la Inversión

  - Fuentes de Financiamiento

  - Personal

  - Préstamos

    - Tipos de Préstamos

    - Organismos que ofrecen préstamos

- Planeación de Ventas

- Planeación de Mercadotecnia

- Planeación de Recursos Humanos

- Planeación de Costo de Insumos

- Planeación de la Distribución del Servicio o Producto

Más adelante hablaremos con más detalle de una de las variables más importantes que es la planeación financiera de tu nuevo negocio. Por lo tanto, nos enfocaremos en las variables que debe tener tu plan de negocio.

1442 # EJERCICIO 1

1443 ## Resumen Ejecutivo

1444 Es una síntesis de tu plan de negocios. Aquí mencionas información básica del negocio como
1445 cuál es tu producto o servicio, quiénes forman parte del equipo directivo y dónde está ubicado el
1446 negocio. Es importante que incluyas también la información financiera y planes de crecimiento.

1447 ## Escribe tu resumen ejecutivo.

1448 _____
1449 _____
1450 _____
1451 _____

1452 ## Descripción del Negocio

1453 Aquí describes lo que hace tu negocio, lo que lo diferencia de la competencia y el mercado al que
1454 sirves. Debes ser específico y mencionar quiénes son tus consumidores y las organizaciones o
1455 compañías a las que les darás servicio.

1456 Explica las ventajas competitivas que harán que tu negocio sea un éxito, también, si tienes
1457 pensado rentar un local o si tienes expertos en alguna área del negocio. Aquí puedes resaltar todas
1458 las fortalezas de tu negocio.

Escribe la descripción de tu negocio.

_____ 1460
_____ 1461
_____ 1462
_____ 1463

Análisis del Mercado

1464

Antes de lanzar tu negocio es importante que investigues la industria en la que este se conduce, el mercado al cual servirás y quiénes son tus competidores.

1465
1466

Es necesario tener una buena comprensión del panorama de tu industria. Por lo tanto, un poco de investigación competitiva te va a revelar qué hacen otras empresas similares y cuáles son sus fortalezas. Es importante buscar tendencias y temas. ¿Qué hacen los competidores exitosos? ¿Por qué les funciona? ¿Podrías hacerlo mejor? Toma un tiempo para enfocarte en estas preguntas y responderlas.

1467
1468
1469
1470
1471

Escribe tu análisis de mercado.

1472

_____ 1473
_____ 1474
_____ 1475
_____ 1476

Modelo Organizacional

1477

En este concepto es importante que menciones como se estructurará tu negocio y quien lo dirigirá. Deberás indicar la estructura legal de tu negocio (Revisa la información en el módulo 2). ¿Vas a operar tu negocio como propietario único (sole proprietor), una sociedad general o limitada, una corporación C, S o una sociedad de responsabilidad limitada (LLC)?

1478
1479
1480
1481

1482 Incluye también el organigrama con los nombres de los responsables de cada área. Indica cómo
1483 la experiencia particular de cada uno de ellos contribuye al éxito de tu proyecto. Puedes incluir el
1484 currículum de cada persona clave del equipo.

1485 Escribe tu modelo organizacional.

1486 _____
1487 _____
1488 _____
1489 _____

1490 Productos y Servicios

1491 Describe el producto o servicio que ofreces. Explica cómo este beneficia a tus clientes o el
1492 mercado al que quieres servir. Comparte tus planes al respecto si vas a registrar algún tipo
1493 de propiedad intelectual como son los derechos de autor o registros de patentes. Si realizas
1494 investigación y desarrollo de algún servicio o producto también va incluido en esta área.

1495 Escribe tu producto o servicio.

1496 _____
1497 _____
1498 _____
1499 _____

1500 Ventas y Mercadotecnia

1501 Como sabemos no hay una fórmula para crear una estrategia de mercadotecnia. Por lo tanto, es
1502 importante que consideres como tu producto o servicio va a ir evolucionando con el tiempo.

1503 Como lo vimos en el módulo 3, aquí deberás escribir quién es tu cliente, qué actividades vas a

llevar a cabo para atraer nuevos clientes, cómo los vas a retener y cómo es que vas a producir tus | 1504
ventas. Te sugerimos leer más sobre este tema. También, puedes contactar a especialistas que te | 1505
ayuden a crear una estrategia lo más completa posible de publicidad y ventas. | 1506

Escribe tu estrategia de ventas y mercadotecnia.

1507

_____ 1508
_____ 1509
_____ 1510
_____ 1511

Solicitud de Financiamiento

1512

Aunque este tema lo veremos a detalle más adelante es importante mencionar que si vas a buscar | 1513
financiamiento deberás delinear muy bien las necesidades de tu negocio. Tu meta principal en | 1514
esta área es explicar claramente cuánto dinero vas a necesitar durante los siguientes cinco años y | 1515
cómo vas a usar ese dinero en la operación de tu negocio. | 1516

Escribe tu solicitud de financiamiento.

1517

_____ 1518
_____ 1519
_____ 1520
_____ 1521

Proyecciones Financieras

1522

Si vas a solicitar un préstamo, es importante que hagas un reporte con proyecciones financieras | 1523
(esto lo vimos en el módulo 4 en el cual vimos de donde viene el dinero y cual es tu meta de | 1524
ingreso. Por lo tanto, verifica tu ejercicio sobre metas económicas mensuales). | 1525

1526 El objetivo final de hacer proyecciones financieras es la de influenciar positivamente a los posibles
1527 inversionistas de que tu negocio es estable y tendrá éxito financiero.

1528 Cuando ya tu negocio está establecido por 12 meses o más, es importante considerar también el
1529 estado de resultados, el balance general y el flujo de caja. Si cuentas con algún activo fijo como
1530 casa, terrenos, edificio o maquinaria de trabajo, es en esta área donde es importante mencionarla.

1531 Puedes también incluir gráficas y diagramas de la historia financiera de tu negocio o el futuro
1532 financiero que visualizas. Estas proyecciones financieras son de mucha importancia.

1533 **Escribe tu proyección financiera.**

1534 _____
1535 _____
1536 _____
1537 _____

1538 **Apéndice**

1539 Este es opcional, pero muy útil ya que aquí puedes incluir documentos de respaldo u otros
1540 materiales que te hayan solicitado específicamente. En el apéndice, los documentos que
1541 normalmente se incluyen son: historial de crédito, currículum, imágenes de tu producto o
1542 servicio, cartas de referencias, licencias, permisos o patentes, documentos jurídicos y otros
1543 contratos.

1544 **Escribe qué documentos vas a incluir en el apéndice.**

1545 _____
1546 _____
1547 _____
1548 _____

Al llevar a cabo en su totalidad el ejercicio 1 de este módulo escribiendo a detalle lo que cada   1549
sección te pide y utilizando la información de tus módulos 1, 2, 3 y 4, estás creando tu plan   1550
de negocios. He ahí la importancia de ser lo más específico posible, ya que esto te ayudará a   1551
visualizar de mejor forma el tipo de negocio que quieres crear al mismo tiempo que te acerca a tu   1552
meta de obtener los beneficios económicos a través del mismo.   1553

∿ MÓDULO 5 1554

CAPÍTULO 2

PLANEACIÓN DE LA INVERSIÓN Y 1555
FUENTES DE FINANCIAMIENTO 1556

Fuentes de Financiamiento 1557

Hay varias opciones disponibles para financiar tu nuevo negocio o el negocio que ya tengas en 1558 existencia. 1559

Estas opciones pueden o no funcionar para ti, ya que dependerá de varios factores. 1560

Personal 1561

Financiar tu nuevo negocio con tu propio dinero es la forma más fácil y rápida de financiar tu 1562 negocio. Siempre y cuando tengas ahorros y sabes lo que estás haciendo tomando el **RIESGO** 1563 completo. 1564

Amigos, Familia y Tontos (FFFs = Friends, Family & Fools) 1565

1566 La siguiente forma fácil de financiar tu negocio es tener acceso a amigos o miembros de tu familia
1567 (p. ej. Tíos ricos que ya no te acuerdas). Tratar de obtener financiamiento de estas fuentes puede
1568 estar disponible para ti considerando que ellos estén dispuestos a invertir su dinero. Esto sucede
1569 porque te respetan, creen en ti y lo más importante, te quieren.

1570 **Préstamo Financiero**

1571 Hay varios tipos de préstamos financieros. Entre ellos, el tener disponible una línea de crédito
1572 para capital de trabajo a corto o mediano plazo. Dependiendo del monto y de la actividad para la
1573 que se va a utilizar, se pueden establecer avales o garantías. Esto significa que si tienes algún tipo
1574 de maquinaria que es propiedad de la empresa o un edificio y que sea propiedad de tu negocio,
1575 este se da en garantía por la duración del crédito. En caso de que no tengas suficientes fondos
1576 para pagar el crédito, el prestamista tomará estos activos para recuperar el préstamo. Debes tener
1577 mucho cuidado cuando tomas este tipo de decisión.

1578 Otros tipos de préstamos incluyen los préstamos a largo plazo sobre tus bienes raíces (casa,
1579 terreno o edificio), equipo de trabajo u otro tipo de capital a largo plazo. Esta información la
1580 veremos con más detalle en nuestro **Programa Emprendedor@s 2.0**.

1581 También, hay algunos programas de garantía que ofrece el **SBA** (Small Business Administration
1582 - Administración de Pequeños Negocios de los Estados Unidos), **CalCAP**[4] (California Capital
1583 Access Program - Programa para Pequeños Negocios), y **CDFI** (Community Development
1584 Financial Institutions - Programa Financiero para el Desarrollo Comunitario).

1585 A continuación, te describo cada uno de estos programas.

1586 El **Programa de garantía que ofrece la Administración de Pequeños Negocios (SBA)** es un
1587 recurso muy valioso para muchos negocios. Sin embargo, el **SBA** no lleva a cabo los préstamos
1588 directamente. En vez de eso, el **SBA** garantiza los préstamos a los bancos permitiendo a los
1589 prestadores comerciales que lleven a cabo los préstamos que de otras formas no harían.

1590 La Administración de Pequeños Negocios **(SBA)**, a través de sus programas, reembolsa a los
1591 prestamistas una porción garantizada de los préstamos (generalmente el 85%) haciéndolos menos
1592 riesgoso para los prestamistas comerciales.

El **Programa de Acceso de Capital de California para pequeñas empresas (CalCAP)**,[5] motiva   1593
a bancos u otras instituciones financieras a llevar a cabo préstamos a pequeños negocios que   1594
tienen dificultad en obtener financiamiento. Si eres dueño de un pequeño negocio y necesitas un   1595
préstamo para iniciar tu negocio, expandir tu negocio o para capital de trabajo, puedes recibir   1596
un préstamo con términos más favorables a través de estos prestamistas siempre y cuando ellos   1597
estén registrados en el **CalCAP - Loan Loss Reserve Program** (Programa de Reserva de Pérdidas   1598
de Acceso de Capital de California). Este programa apoya a las comunidades proveyendo   1599
financiamiento a pequeños negocios que crean trabajos y apoyan a mejorar la economía local.   1600

El Programa de Reserva de Pérdidas del Acceso de Capital de California para pequeñas empresas   1601
(CalCAP) puede proveer hasta un 100% del préstamo a las instituciones financieras para cubrir   1602
sus pérdidas como resultado de ciertos incumplimientos de crédito. Con el apoyo que ofrece   1603
CalCAP, el prestamista puede sentirse más cómodo de llevar a cabo una suscripción de préstamo   1604
para pequeños negocios.   1605

Si la institución financiera no está participando en este programa actualmente, le puedes pedir   1606
que se registre, ya que es muy fácil para los prestamistas financieros registrarse. Solo dale el enlace   1607
de "Solicitud para Instituciones Financieras" (Financial Institution Application) y pídele que la   1608
envíe a CalCAP para iniciar su proceso.   1609

El **Programa Financiero para Desarrollo Comunitario (CDFI)**[6] es un programa creado con la   1610
finalidad de proveer servicios financieros a comunidades de bajos ingresos o a personas que no   1611
cuentan con acceso a préstamos de instituciones financieras tradicionales. Dentro de los **CDFI**,   1612
están las instituciones normalmente reguladas como son los **CDB, Community Development**   1613
Banks (Bancos de Desarrollo Comunitario) y Uniones de Créditos, así como las organizaciones   1614
no-reguladas como lo son los **Fondos de Capitales de Riesgo** (Venture Capital Funds).   1615

Al construir la capacidad de una red nacional de **CDFI**, se está construyendo la forma de   1616
empoderar a las personas de bajos ingresos y no privilegiadas, así como a sus comunidades con   1617
el fin de que puedan eventualmente solicitar servicios financieros convencionales a través de los   1618
bancos.   1619

También existen otro tipo de financiamientos como lo son: el financiamiento basado en activos   1620
(edificios, casas o terrenos), subsidios del gobierno local, estatal, del condado y federal.   1621

Para poder obtener un préstamo convencional (Bancos) o del SBA (Administración de Pequeños   1622

1623 Negocios), debes contar con el criterio básico de financiamiento. Estas son conocidas como **"Las**
1624 **5 Cs del préstamo",** mismas que te presentamos a continuación.

1.	**Carácter:**	Responsabilidades, trato de los empleados y clientes.
2.	**Cash-Flow:**	Liquidez, manejo de deudas, registro de pagos e índices de Liquidez.
3.	**Colateral:**	Colateral, activos fijos, propiedades, equipo de capital y cuentas por cobrar.
4.	**Capitalización:**	Recursos del negocio, riesgo propio e inversión propia.
5.	**Condiciones:**	Condiciones económicas, sensibilidad del mercado y administración de gastos.

1625 Como me has estado escuchando constantemente, tú eres el líder, ya que tú tienes el poder de
1626 usar la influencia para lograr alcanzar tus metas como **Emprended@r** utilizando las 4 Ds.

1627 Decisión

1628 Determinación

1629 Dedicación

1630 Disciplina

1631 ¡Tu momento es hoy! Actúa ya y no sigas dejando para después este proyecto que has estado
1632 nutriendo por bastante tiempo. ¡Está en ti! ¡El poder lo tienes tú! Es importante que quites tus
1633 barreras mentales como son el miedo, el rechazo, la inseguridad, las críticas de otras personas
1634 y el no conocer que va a suceder. Recuerda que tú eres el arquitecto de tu destino y que nos
1635 convertimos en lo que pensamos. Por lo tanto, he ahí la importancia de tus pensamientos, la
1636 fuerza e intención de tus emociones para la realización de tu visualización como propietario de tu
1637 negocio.

1638 Como dice el dicho del conocido industrial Henry Ford: "Si lo crees o no crees que lo puedes lograr de cualquier forma estás en lo correcto". 1639

Este comentario es muy profundo, analízalo con detenimiento. ¿Qué es lo que **crees** de ti?, ¿qué 1640
piensas que puedes lograr? Eso que pensaste es precisamente lo que va a suceder. ¿Por qué? Muy 1641
sencillo porque está dentro de ti. 1642

"Nuestras creencias dirigen nuestro comportamiento".

NOTAS:
1643

(1)   Frank Luntz

(2)   John C. Maxwell – Libro: Las 21 Leyes Irrefutables del Liderazgo – Pág. 6 a 10

(3)   https://www.sba.gov/guia-de-negocios/planifique-su-empresa/redacte-su-plan-de-negocios

(4)   https://www.treasurer.ca.gov/cpcfa/calcap/sb/index.asp

(5)   https://www.treasurer.ca.gov/cpcfa/calcap/sb/summary.asp

(6)   https://www.cdfifund.gov/Pages/default.aspx

∿ MÓDULO 6 1644

CAPÍTULO 1

LA RESILIENCIA 1645

Iniciamos nuestro Módulo 6 reflexionando nuevamente sobre la siguiente frase: 1646

"Las palabras y las emociones juntas son la fuerza más poderosa conocida por la humanidad".

Frank Luntz

Escribe que tan consciente has estado esta última semana en el uso de tus palabras y la emoción 1647
que utilizas al decirlas o pensarlas. 1648

_____ 1649

_____ 1650

_____ 1651

_____ 1652

Como sabemos el **LIDERAZGO**[2] es influencia nada más, nada menos; esa influencia es 1653
importante que inicie contigo mismo para alcanzar esas metas que te has propuesto y has puesto 1654
por escrito, ese deseo de emprender, de crear tu propio negocio, continuar con el fin en mente 1655

1656 como lo menciona Stephen Covey en su libro **"Los 7 hábitos de la gente altamente efectiva"**[3] de
1657 esta forma no pierdes de vista la meta final.

1658 En cada módulo, vas adquiriendo más herramientas y más conocimientos. Estos te van acercando
1659 cada vez a tu meta. Recuerda:

Motivación: Lo que te provoca a hacer algo.

Liderazgo: Influenciar a otros a tener tu VISIÓN empezando por TI.

Talento: Habilidades que desarrollas constantemente.

1660 Resiliencia

1661 La Resiliencia es la capacidad de hacer frente a las adversidades de la vida al transformar el dolor
1662 en fuerza motora para superarse y salir fortalecido de ellas.

1663 Una persona resiliente comprende que es el arquitecto de su propia alegría y su propio destino.

1664 La Resiliencia es una palabra que muy pocas personas utilizan o comprenden con profundidad.
1665 En este módulo, vamos a hablar de la importancia de ser resilientes como Emprendedor@s.
1666 Iniciar un negocio puede ser muy emocionante al punto de imaginar muchas cosas positivas que
1667 pueden suceder. Esto ocurre porque tu imaginación empieza a volar y tu emoción hace que veas
1668 un futuro muy alegre, positivo, abundante y de mucha seguridad para ti como para tu familia.
1669 Todo eso es real en la medida en que TÚ lo quieras CREER. Sin embargo para poder alcanzar
1670 esos momentos es importantísimo vivir en nuestro presente.

1671 Construir tu negocio desde este lugar, en este momento, en estas condiciones y en las
1672 circunstancias que nos rodean, es por eso que decidí incluir este tema tan importante de la
1673 **Resiliencia** en nosotros. ¿Qué es?, ¿para qué nos sirve?, ¿cómo podemos hacernos conscientes de
1674 ella? Todos juntos vamos a descubrir las respuestas a lo largo de este módulo.

1675 ¿Qué es ser una persona Resiliente?

1. Son personas conscientes de sus **POTENCIALIDADES**.

2. Son **CREATIVAS**.

3. Confían en sus **CAPACIDADES**.

4. Asumen las **DIFICULTADES** como una **OPORTUNIDAD** para **APRENDER**.

5. Practican la **CONSCIENCIA PLENA** (Mindfulness).

6. Ven la vida con **OBJETIVIDAD** y **OPTIMISMO**.

7. Se rodean de personas con **ACTITUD POSITIVA**.

8. No intentan **CONTROLAR** las situaciones.

9. Son **FLEXIBLES** ante los **CAMBIOS**.

10. Son **TENACES** con sus **PROPÓSITOS**.

11. Afrontan la adversidad con **HUMOR**.

Analicemos con detenimiento cada uno de estos 11 factores para conocer lo que realmente 1676
significan y lo que pueden significar para ti en este nuevo ciclo que estás a punto de emprender. 1677

La Resiliencia[4] implica reestructurar nuestros recursos psicológicos en función de las nuevas 1678
circunstancias y de nuestras necesidades. De esta manera, las personas resilientes no solo son 1679
capaces de sobreponerse a las adversidades que les ha tocado vivir, sino que van un paso más allá 1680
utilizando esas situaciones para crecer y desarrollar al máximo su potencial. 1681

1. **Son conscientes de sus POTENCIALIDADES y LIMITACIONES.**

El autoconocimiento es un arma muy poderosa para enfrentar las adversidades y los retos. Las personas resilientes saben usarla a su favor, ya que saben cuales son sus principales fortalezas, habilidades, limitaciones, defectos y debilidades. De esta manera pueden trazarse metas más objetivas que no solo tienen en cuenta sus necesidades y sueños, sino también los recursos de los que disponen para conseguirlos.

Escribe tus fortalezas y debilidades (ejercicio personal - Módulo 2).

_____

_____

_____

_____

_____

2. **Son CREATIVAS.**

La persona con una alta capacidad de resiliencia no se limita a intentar pegar el jarrón roto, ya que es consciente de que ya nunca volverá a ser lo mismo. La persona resiliente hará un mosaico con los trozos rotos y transformará su experiencia dolorosa en algo bello o útil. Por lo tanto, de lo vil, saca lo precioso.

Escribe un evento de tu vida personal o profesional donde transformaste conscientemente la situación de negativa a positiva.

_____

_____

_____

_____

_____

3. **Confían en sus CAPACIDADES.**

Al ser conscientes de sus potencialidades y limitaciones, las personas resilientes confían en lo que son capaces de hacer. Si algo les caracteriza es que no pierden de vista sus objetivos y se sienten seguras de lo que pueden lograr. No obstante, también reconocen la importancia del trabajo en equipo y no se encierran en sí mismas, sino que saben cuándo es necesario pedir ayuda.

Escribe cuáles son tus potencialidades (capacidades) y las limitaciones que tienes.

Comparte cuándo pediste ayuda o trabajaste en equipo para lograr una meta y cómo te sentiste al hacerlo.

_____

_____

_____

_____

_____

4.   **Asumen las DIFICULTADES como una oportunidad para APRENDER.**

A lo largo de la vida, enfrentamos muchas situaciones dolorosas que nos desmotivan. Sin embargo, las personas resilientes, como tú, son capaces de ver más allá de esos momentos y no desfallecen. Estas personas asumen las crisis como una oportunidad para generar un cambio, aprender y crecer. Saben que los momentos no serán eternos y que su futuro dependerá de la manera en que reaccionen. Los resilientes, cuando se enfrentan a una adversidad, se preguntan: ¿Qué estoy aprendiendo de esta situación?

Escribe un evento de adversidad. Responde: ¿Cómo lo superaste?, ¿qué aprendiste de él? y ¿cómo te fortaleció?

_____

_____

_____

_____

_____

5.   **Practican la CONSCIENCIA PLENA.**

Aún sin ser conscientes de esta práctica milenaria, las personas resilientes tienen el hábito de estar plenamente presentes, de vivir el presente (aquí y ahora) y de tener una capacidad de aceptación. Para estas personas, el pasado forma parte del ayer y no es una fuente de culpabilidad y zozobra mientras el futuro no les aturde con su incertidumbre y preocupaciones. Son capaces de aceptar las experiencias tal y como se presentan e intentan sacarles el mayor provecho. Disfrutan de los pequeños detalles y no han perdido su capacidad de asombrarse ante la vida.

Mónica Robles

Escribe como tú practicas la Consciencia Plena. ¿Sabes qué es?

(Es la consciencia de los pensamientos, acciones y motivaciones de uno mismo. También puede traducirse como la "claridad de la mente")

_____
_____
_____
_____
_____

6. **Ven la vida con OBJETIVIDAD y OPTIMISMO.**

Las personas resilientes son muy objetivas, ya que saben cuales son sus potencialidades, los recursos que tienen a su alcance y sus metas. Además, estas personas con un alto nivel de resiliencia son también muy optimistas. Al ser conscientes de que nada es completamente positivo ni negativo, se esfuerzan por centrarse en los aspectos positivos al disfrutar de los retos. Estas personas desarrollan un optimismo realista también llamado Optimalismo, y están convencidas de que por muy oscura que se presente su jornada, el día siguiente puede ser mejor.

Escribe: ¿Cuál es el reto más fuerte que has tenido? ¿Qué actitud tuviste para enfrentarlo? Si no enfrentaste el reto, responde: ¿Cómo te has sentido desde entonces? ¿Aprendiste alguna lección de vida?

_____
_____
_____
_____
_____

7. **Se rodean de personas con actitud POSITIVA.**

Las personas que practican la resiliencia saben cultivar sus amistades. Por lo tanto, se rodean generalmente de personas que mantienen una actitud positiva ante la vida y evitan a aquellos que se comportan como vampiros emocionales. De esta forma, logran crear una sólida red de apoyo que les puede sostener en momentos más difíciles.

Escribe los nombres de las personas que forman tu red de apoyo. ¿Son personas OPTIMISTAS?, ¿te apoyan con sinceridad? o ¿te critican y te hacen burla cuando mencionas tus planes de crecimiento y negocio?

_____

_____

_____

_____

_____

8.   No intentan CONTROLAR las situaciones.

Una de las principales fuentes de tensiones y estrés es el deseo de querer controlar todos los aspectos de nuestra vida. De esta manera, cuando algo se nos escapa de entre las manos, nos sentimos culpables e inseguros. Sin embargo, las personas resilientes saben que es imposible controlar todas las situaciones, han aprendido a lidiar con la incertidumbre y se sienten cómodos aunque no tengan el control.

Menciona 3 situaciones de incertidumbre que se han presentado en tu vida y cómo las superastes.

_____

_____

_____

_____

_____

9.   Son FLEXIBLES ante los CAMBIOS.

A pesar de que las personas resilientes tienen una autoimagen muy clara y saben perfectamente que quieren lograr, también tienen la suficiente flexibilidad como para adaptar sus planes y cambiar sus metas cuando es necesario. Estas personas no se cierran al cambio y siempre están dispuestas a valorar diferentes alternativas sin aferrarse obsesivamente a sus planes iniciales ni a una única solución.

Menciona cuando fue la última vez que aceptaste un cambio radical en tu vida. ¿Cómo lo tomaste? ¿Qué estaba pasando en esos momentos? ¿Fuiste flexible? ¿Te aferraste a lo conocido? Extiende tu comentario.

_____
_____
_____
_____
_____

10. **Son TENACES con sus PROPÓSITOS.**

El hecho de que las personas resilientes sean flexibles no implica que renuncien a sus metas. Por el contrario, si algo las distingue es su perseverancia y su capacidad de lucha. La diferencia se nota en que no luchan contra los molinos de viento, sino que aprovechan el sentido de la corriente y fluyen con ella. Estas personas tienen una motivación intrínseca que les ayuda a mantenerse firmes y luchar por lo que se proponen.

Escribe dos metas a las que has RENUNCIADO por falta de tenacidad.

_____
_____
_____
_____

Escribe dos metas que LOGRASTE cumplir cuando utilizaste la tenacidad.

_____
_____
_____
_____

11. **Afrontan la adversidad con HUMOR.**

Una de las características esenciales de las personas resilientes es su sentido del humor, ya que son capaces de reírse de la adversidad y sacar una broma de sus desdichas. La risa es su mejor aliada porque les ayuda a mantenerse optimistas y les permite sobre todo enfocarse en los aspectos positivos de las situaciones.

¿Puedes recordar y escribir la última vez que te reíste de ti mismo cuando estabas pasando por una situación de reto?

_____

_____

_____

_____

_____

El ejercicio anterior es con el fin de que te hayas regalado tiempo a solas para contestar cada una de las opciones que te di en las 11 áreas de lo que es ser una persona resiliente. La intención es que puedas hacer un viaje hacia tu interior para darte cuenta de las cualidades y capacidades que tienes y puedas estar más consciente de que el poder de hacer las cosas que te propones siempre está dentro de ti. Tú decides cuándo y cómo aplicarlo. Por lo tanto, el único requerimiento es que seas consciente y no te de miedo utilizar ese poder.

En el siguiente capítulo hablaremos sobre la **FE**. ¿Qué es la **FE**? ¿Para qué nos sirve en nuestro emprendimiento? ¿Cómo logramos tener **FE**? Compartiré contigo también la **FÓRMULA DEL ÉXITO.**

MÓDULO 6 ₁₆₉₁

CAPÍTULO 2

LA FE ₁₆₉₂

¿Qué es la FE? Según el conocido autor Napoleón Hill(5), "la **Fe es el jefe químico de la MENTE**". 1693
Analicemos esta frase más profundamente: ¿A qué se refiere Napoleón Hill? En su conocido libro 1694
y best seller: **"Piense y Hágase Rico"**, el menciona lo siguiente: "Cuando la FE se mezcla con las 1695
vibraciones del pensamiento, la mente inconsciente e instantáneamente conecta con la vibración 1696
trasladándola al equivalente espiritual y transmitiéndola a la inteligencia divina (tu dios creador) 1697
como lo es en el caso de las oraciones". 1698

He tomado el programa, **"Piense y Hágase Rico",** en dos ocasiones con mis mentores y amigos 1699
del equipo de John C. Maxwell, Paul Martinelli y Roddy Galbraith. He leído el libro en varias 1700
ocasiones, visto los videos y participado activamente en las presentaciones de "Facebook Live". 1701
Sin embargo, fue hasta este año 2020, que estoy escribiendo este cuaderno de trabajo para ti, 1702
ya que mi **CONCIENTIZACIÓN** de lo que estaba aprendiendo se despertó. En otras palabras 1703
se incrementó mi **NIVEL DE CONSCIENCIA**, y ese despertar me ayudó a entender con más 1704
detenimiento la importancia de ese libro. El mismo libro que inicialmente yo ya había leído en el 1705
año 2012 considerándolo un libro "interesante" solamente sin darme cuenta que la lectura sin la 1706
ejecución del aprendizaje es solo conocimiento. ¿Cuántas personas hay en tu vida que te pueden 1707
hablar de un sinfín de temas? Tú las admiras por el conocimiento que tienen. Sin embargo, solo 1708
es conocimiento a través de la lectura. La lectura sin aplicación no tiene la validez para hacer 1709
cambios profundos en su vida y por consecuencia en la tuya. 1710

Para que aproveches al máximo la lectura de este capítulo, te pido que por un momento tengas 1711

1712 la mente y el corazón abiertos a nueva información, integración y aplicación de conocimiento.

1713 Te pido comprometerte contigo mismo a llevar a cabo los ejercicios que aquí te sugiero, ya

1714 que el objetivo es el mismo de los ejercicios anteriores para que pienses, te motives, actúes y te

1715 **EMPODERES** con el fin de que logres **TUS METAS** como **Emprended@r.**

1716 El autor, Napoleón Hill, nos da una explicación más clara de lo que él logró identificar en relación

1717 con lo que es la **FE** a través de más de 20 años estudiando a varias personas exitosas. Entre ellas

1718 están Henry Ford, Thomas A. Edisson, John D. Rockefeller y Alexander Graham Bell.

1719 Las emociones de **FE** y **AMOR** son las más poderosas de todas las emociones positivas, ya que

1720 cuando se mezclan tienen el efecto de "colorear" la vibración del pensamiento de una manera

1721 tal que se conecta con el subconsciente instantáneamente donde es cambiada el equivalente

1722 espiritual, la única forma que induce a la respuesta de **Inteligencia Infinita** (Tu Dios Creador).

1723 ¿Habías leído algo similar? Esto me puso a pensar en las religiones que he conocido. Siempre

1724 nos han dicho que debemos tener fe. Más aún, casi nos obligan a tener fe. Sin embargo, **NO**

1725 **NOS ENSEÑAN** a tener **FE**, ya que no nos dicen que es lo que tenemos que hacer para lograr

1726 tener **FE**. Un descubrimiento que hice durante este estudio fueron "las oraciones". ¿Qué son las

1727 oraciones en todas las religiones? Las repetimos hasta el cansancio desde pequeños e inclusive

1728 nos obligan aprenderlas de memoria para poder hacer "la primera comunión" y para poder

1729 continuar en el reino de Dios. Por lo menos, eso fue lo que la religión Católica me enseñó, y

1730 como mi **NIVEL DE CONSCIENCIA** no estaba elevado al que tengo hoy en día. Además,

1731 mi **CONDICIONAMIENTO** lo aplicaba al 100%, ya que era dado por mis padres, maestros,

1732 hermanas, tíos y amistades. Todos desde ese mismo lugar diciendo: ¿Qué hacer? ¿Cómo hacerlo?

1733 ¿Por qué hacerlo? Además de compensándonos con un abrazo, un beso o un dulce por "portarnos

1734 bien", y seguir las "reglas" creadas por otros seres humanos. ¿Te pasó lo mismo o algo similar?

1735 Estoy segura que también pasaste o sigues pasando por algo igual donde alguien más te dice

1736 como hacer las cosas. (Tocaremos en más detalle sobre los **NIVELES DE CONSCIENCIA** en

1737 nuestro módulo 8) por lo pronto volvamos a **LA FE.**

La FE es un estado MENTAL al cual podemos inducirnos o CREARLO con AFIRMACIONES o instrucciones repetitivas dirigidas a nuestra mente inconsciente a través del Principio de la AUTOSUGESTIÓN.

Te pido que por un momento te tomes el tiempo de analizar la información anterior: "La **FE** es un estado **MENTAL** que podemos **CREARLO**". ¿Quién lo **CREA**? La respuesta es Tú y yo. ¿Cómo lo creamos? A través de la **AUTOSUGESTIÓN**. Antes de continuar nuestro análisis, veamos qué es la autosugestión.

Según la Real Academia Española,[6] la autosugestión es: 1738

"Sugestión que nace espontáneamente en una persona, independientemente de toda influencia 1739
extraña". 1740

En Wikipedia,[7] encontramos la siguiente definición: 1741

"La autosugestión, también conocida como autohipnosis, se trata de una forma de sugestión en la 1742
cual el individuo guía sus propios **pensamientos, sentimientos o comportamientos**". 1743

Te das cuenta ahora de la importancia de conocer qué es la **FE**, y recordar según tu religión 1744
y **CREENCIAS** lo que rezabas y como rezabas. ¿Te exigían aprenderte de memoria toda la 1745
información como a mí? Date cuenta de la magnitud de este descubrimiento, ya que me ocurrió y 1746
me puse a recordar los rezos y mis peticiones **CONDICIONADAS** por la religión y la sociedad a 1747
mi alrededor. 1748

Adivina entonces: ¿Qué hay impreso en mis células y en todo mi organismo interno incluyendo 1749
mi subconsciente? Exactamente lo que no me había permitido avanzar. El sentir que no merecía 1750
tener abundancia financiera, éxito, armonía y salud. ¿Por qué? Porque desafortunadamente en 1751
todas esas oraciones que por años he hecho, y todavía hasta hace poco, me había estado auto 1752
sugestionando de la forma equivocada al creer que si no es aprobado por "alguien" mejor, más 1753
grande, más poderoso, más rico o más inteligente que yo, entonces NO podía suceder. ¡Qué 1754
tontería! Entonces inconscientemente le había estado dando **MI PODER** a otras personas porque 1755
así estaba ya programada en mi mente. 1756

Por eso ahora cuando las personas me dicen: "si dios quiere", mi respuesta siempre es "Dios 1757
SI QUIERE". Sin embargo, tú también debes de **QUERER**. Muchas de las personas que han 1758
tomado el **Programa Emprendedor@s** en los últimos cuatro años me han escuchado decir esto 1759
constantemente. 1760

1761 # EJERCICIO 1

1762 **Escribe alguna oración que hayas aprendido desde tu infancia. Una vez escrita analiza lo**
1763 **siguiente: ¿Te da PODER o te lo quita? ¿Te empodera o te aprisiona? ¿Te somete o te libera?**

1764 _____

1765 _____

1766 _____

1767 _____

1768 Ahora que ya lo sabes, me puedes comprender el porqué te he repetido varias veces que **"El**
1769 **PODER LO TIENES TÚ, ESTÁ DENTRO DE TI".** Es de esta manera, ya que nacimos con
1770 él. Sin embargo, a medida que hemos ido creciendo, nos lo han estado quitando a través de
1771 programaciones, condicionamientos y limitaciones **CREADAS** por otras personas.

1772 ## Volvamos a LA FE

1773 La **FE** es un estado **MENTAL** al cual podemos inducirnos o **CREARLO** con **AFIRMACIONES**
1774 o instrucciones repetitivas dirigidas a nuestra mente inconsciente (subconsciente) a través del
1775 Principio de la **AUTOSUGESTIÓN.**

1776 Esto nos lleva a la conclusión de que las **AFIRMACIONES, INSTRUCCIONES** u **ÓRDENES**
1777 repetitivas y dirigidas a nuestro subconsciente a través del principio de la autosugestión es el
1778 único método conocido que las personas usan **voluntariamente** para desarrollar la **EMOCIÓN**
1779 de la **FE.**

1780 Los impulsos del pensamiento que se dan o pasan **repetitivamente** al subconsciente, que
1781 finalmente es **ACEPTADO** y actuado por nuestra mente subconsciente, procede a trasladar
1782 el impulso del pensamiento en su equivalente físico mediante el procedimiento más práctico
1783 disponible, la **AUTOSUGESTIÓN.**

1784 Los pensamientos cuando se les ha dado un "sentimiento" (Emoción) y se mezclan con **FE**, se
1785 comienzan a convertir en su contraparte física.

Las partes del pensamiento que son "**EMOCIONES**" o "**SENTIMIENTOS**" son los factores   1786
que le dan a los pensamientos "**VITALIDAD**", "**VIDA**" y "**ACCIÓN**". Por lo tanto, todos los   1787
pensamientos, ya sea que los mezcles con **EMOCIONES POSITIVAS O NEGATIVAS**, van a   1788
alcanzar e influenciar a tu subconsciente. La **CREENCIA** o **FE** es el elemento que determina la   1789
ACCIÓN de tu mente subconsciente.   1790

Dicho de otra forma, tu subconsciente se convierte en el "sitio de **ACCIÓN**". Por lo tanto,   1791
ahora que tienes este nuevo conocimiento y esta nueva **CONCIENTIZACIÓN**, quiero que   1792
estés completamente seguro de que verdadera y ardientemente **DESEAS** iniciar este negocio   1793
que es tu **PASIÓN**. Ese deseo ardiente te mueve a **CREER** en ti mismo, a seguir tu intuición y a   1794
VISUALIZARTE teniendo éxito con tu negocio.   1795

En nuestro nuevo conocimiento, hay varios elementos que, al ponerlos juntos y usando nuestra   1796
IMAGINACIÓN para poder **VISUALIZARLOS**, nos da la respuesta de lo que es la **FE**.   1797

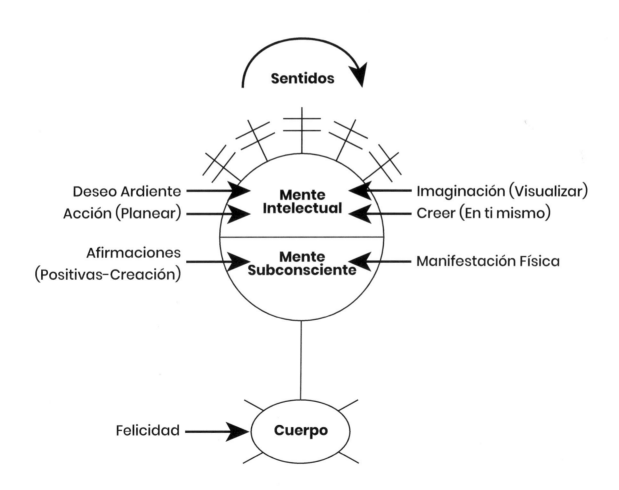

1798 **EJERCICIO 2**

1799 **Escribe tu DESEO ARDIENTE, ¿Qué ACCIONES vas a hacer para lograrlo? IMAGINA que**
1800 **ya abriste tu negocio y tienes ÉXITO. Por lo tanto, crea las AFIRMACIONES POSITIVAS**
1801 **que repetirás diariamente 3 veces al levantarte y 3 al acostarte para que se MANIFIESTE**
1802 **FÍSICAMENTE.**

1803 _____
1804 _____
1805 _____
1806 _____

1807 **Siente la FELICIDAD en tu cuerpo.**

1808 **La primera forma de MANIFESTACIÓN FÍSICA de nuestro DESEO Ardiente es escribirlo.**

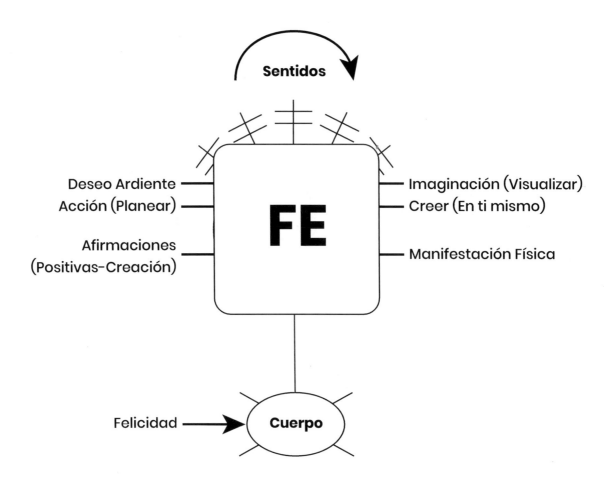

EJERCICIO 3

Escribe tu DESEO ARDIENTE, ¿Qué ACCIONES vas a hacer para lograrlo? IMAGINA que 1810
ya abriste tu negocio y tienes ÉXITO. Por lo tanto, crea las AFIRMACIONES POSITIVAS 1811
que repetirás diariamente 3 veces al levantarte y 3 al acostarte para que se MANIFIESTE 1812
FÍSICAMENTE (en este ejercicio incluye la EMOCIÓN de la FE). 1813

_____ 1814

_____ 1815

_____ 1816

_____ 1817

Siente la FELICIDAD en tu cuerpo. 1818

Así mismo, utilizando todos los conceptos y los elementos que leímos durante este capítulo 1819
podemos crear la **FÓRMULA DEL ÉXITO** que te comenté al inicio de este módulo. Esta se 1820
define de la siguiente forma. 1821

DESEO (lo que queremos) + ACCIÓN (planear) + IMAGINACIÓN (visualizar que ya lo 1822
tienes) + FE (CREER con todo tu corazón) = MANIFESTACIÓN FÍSICA. 1823

Como lo menciona el reconocido autor Jack Canfield[8] en su libro: "El Poder de Mantenerse 1824
Enfocado", es importante que aprendas a saber que quieres siendo específico y saber pedir. Hay 1825
muchos ejemplos de grandes líderes mundiales que han sabido como pedir. Entre ellos tenemos 1826
a la madre Teresa de Calcuta, quien pidió ayuda para apoyar a los pobres y moribundos. Gracias 1827
a ella, se creó la orden de las Misioneras de la Caridad que incluía a miles de personas en todo 1828
el mundo. Durante la Segunda Guerra Mundial, Winston Churchill pidió a los ciudadanos del 1829
Reino Unido que "Nunca, nunca, nunca y nunca se rindieran", y se salvó de una invasión. 1830

Es importante que te des cuenta de que cada uno de estos líderes contaba con una **VISIÓN** 1831
PODEROSA al igual que con un **COMPROMISO TOTAL** para el logro de **SUS METAS.** 1832

"LO QUE SEA QUE LA MENTE PUEDE CONCEBIR Y CREER, LA MENTE LO PUEDE LOGRAR"

Napoleón, Hill

Oct. 1883-Nov. 1970

1833 **NOTAS**

(1)   Frank Luntz

(2)   John C. Maxwell – Libro: Las 21 Leyes Irrefutables del Liderazgo – Pág. 6 a 10

(3)   Steven Covey – Libro: Los 7 hábitos de las personas altamente efectivas

(4)   https://www.elclubdeloslibrosperdidos.org/2017/03/los-11-habitos-de-las-personas.html.

(5)   Think and Grow Rich, Napoleon Hill, Chapter 3, Faith -Visualization of, and Belief in attainment of desire

(6)   https://dle.rae.es/autosugesti%C3%B3n (Real Academia Española)

(7)   https://es.wikipedia.org/wiki/Autosugesti%C3%B3n

(8)   Jack Canfield, Mark Víctor Hansen & Les Hewitt, Libro "El Poder de Mantenerse Enfocado" página 208.

～ MÓDULO 7 1834

CAPÍTULO 1

IMAGEN PERSONAL Y PROFESIONAL 1835

Iniciamos nuestro Módulo 7 reflexionando nuevamente sobre la siguiente frase: 1836

"Las palabras y las emociones juntas son la fuerza más poderosa conocida por la humanidad".

Frank Luntz

Escribe qué tan consciente has estado esta última semana en el uso de tus palabras y la emoción 1837
que utilizas al decirlas o pensarlas. 1838

_____ 1839

_____ 1840

_____ 1841

_____ 1842

Como sabemos el **LIDERAZGO**[2] es influencia nada más, nada menos; esa influencia es 1843
importante que inicie contigo mismo para alcanzar esas metas que te has propuesto y has puesto 1844
por escrito, ese deseo de emprender, de crear tu propio negocio, continuar con el fin en mente 1845

1846 como lo menciona Stephen Covey en su libro "**Los 7 hábitos de la gente altamente efectiva**"[3] de
1847 esta forma no pierdes de vista la meta final.

1848 En cada módulo, vas adquiriendo más herramientas y más conocimientos. Estos te van acercando
1849 cada vez a tu meta. Recuerda:

Motivación:	Lo que te provoca a hacer algo.
Liderazgo:	Influenciar a otros a tener tu VISIÓN empezando por TI.
Talento:	Habilidades que desarrollas constantemente.

1850 IMAGEN PERSONAL Y PROFESIONAL

1851 Tu imagen es la primera impresión que las personas tienen de ti.

$$Imagen \quad = \quad Envase \; o \; Envoltorio$$

1852 La Importancia de tu Imagen Personal y Profesional

1853 Tu imagen es la primera impresión que las personas tienen de ti porque **COMUNICA**.[4] Es
1854 importante que estés consciente de los valores que quieres transmitir a través de tu imagen. ¿Te
1855 has puesto a pensar qué es apropiado y qué no es apropiado en relación con tu imagen? En este
1856 módulo, te llevaré por un recorrido muy interesante con el fin de darte más herramientas con las
1857 cuales puedes lograr tu éxito como **Emprended@r.**

1858 El mundo contemporáneo nos exige ser más competitivos en todos los ámbitos en los que
1859 nos encontremos. Por lo tanto, la imagen personal cobra especial importancia al momento
1860 de establecer contacto con las personas que rodean nuestro entorno. Esto se debe a que en
1861 muchas de las ocasiones son ellos los que contribuyen a generar una autopercepción favorable o

desfavorable respecto a lo que somos. 1862

Todo **Emprended@r** debe estar consciente de desarrollar una imagen profesional e integral 1863
donde combine los diferentes aspectos de su imagen. Una primera impresión se basa 1864
principalmente en la apariencia física, ya que es donde invertimos tiempo y análisis al armar 1865
nuestro atuendo con el fin de lucir increíbles y proyectar lo que deseamos. 1866

Sin embargo, eso no es todo, ya que la imagen profesional engloba desde lo que vestimos hasta 1867
cómo nos comunicamos y desenvolvemos. Esto quiere decir que tenemos que ser congruentes 1868
entre lo que proyectamos físicamente en una primera impresión con nuestro comportamiento 1869
al actuar y hablar. Por eso la importancia de trabajar una reputación dentro de nuestro nuevo 1870
ambiente empresarial. 1871

Queramos o no y en forma consciente o inconsciente, todos proyectamos una personalidad a 1872
través de la imagen que ofrecemos a los demás. Si tú como **Emprended@r** no tienes presencia 1873
o una actitud de liderazgo, te será más difícil que las personas te otorguen su atención o 1874
admiración. De esta manera se da la importancia de saber manejar conscientemente tu presencia 1875
física en todo momento. 1876

La imagen profesional es la percepción que se tiene de una persona por parte del entorno en el 1877
que se desempeña. En tu caso como **Emprended@r**, algunos ejemplos de estas actividades son los 1878
lugares a donde vas, la gente con la que hablas, el voluntariado que realices en las escuelas de tus 1879
hijos, cuando estás prospectando, haces la venta, cierras la venta, entregas tu producto o servicio, 1880
te comunicas a través de los medios sociales, etc. Todos estos son los estímulos que provienen de 1881
tus actividades como **Emprended@r**. 1882

Dichos estímulos provienen de tu aspecto físico, de tus gestos, ademanes y expresiones 1883
corporales. También, de la forma de expresarte vía oral y por escrito. 1884

Lo que tú comunicas a través de tu manera de ser y de tu apariencia, lo podemos presentar en tres 1885
aspectos respectivamente: tu imagen física, imagen no verbal e imagen verbal. 1886

Estos tres componentes de tu imagen profesional deben ser manejados en forma complementaria 1887
para que tú como **Emprended@r** puedas proyectar una imagen de credibilidad y seguridad al 1888
aprender a utilizar tu imagen como una herramienta fundamental para promover la confianza, 1889
generar autoridad y obtener liderazgo. 1890

1891 **La Comunicación NO VERBAL**

1892 Es lo que transmites a través de tu apariencia, gestos y movimientos. En pocas palabras tu propia
1893 imagen.

1894 La imagen es muy importante para ti porque te da seguridad y para las demás personas porque te
1895 juzgan por lo que ven.

1896 Como características de la **Imagen NO VERBAL**, se consideran: Los gestos, ademanes y
1897 expresiones corporales que también comunican. Por otro lado, un cuerpo encorvado con los
1898 hombros apretados y el rostro mirando hacia abajo transmite derrota y depresión.

1899 Dentro de la comunicación no verbal también debes considerar tu postura, tu vestimenta y tu
1900 lenguaje corporal.

1901 Un cuerpo erguido con hombros sueltos y una mirada firme dirigiéndose a los ojos del
1902 interlocutor transmiten liderazgo, convicción, autoridad y confianza. Tú como **Emprended@r**
1903 exitoso debes mantener coherencia entre lo que eres y lo que exteriorizas verbal y corporalmente.

Recuerda: "La postura es la expresión universal que tenemos todos frente al mundo".

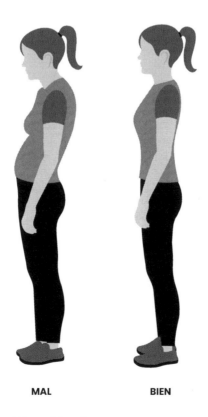

MAL   BIEN

1904 **Pasos para Lograr una Postura Erguida**

1.   Separa los pies un poco (no más de 5 pulgadas).

2.   Distribuye el peso de tu cuerpo en ambas piernas por igual.

3.   Estira ambas piernas.

4.   Contrae los glúteos y el estómago hacia adentro y hacia arriba.

5.   Mantén tus hombros cómodos, relajados y alineados.

6.   Endereza la columna desde las plantas de los pies hacia la cima de la cabeza como si te estuvieran estirando desde el cielo.

7.   Levanta el mentón de manera que esté siempre paralelo al suelo.

VESTUARIO

¿Qué debes considerar al escoger tu atuendo?

- Estilos

- Colores

- Materiales

- Tallas

- Zapatos

- Medias

Dentro del estilo de ropa tenemos:

Mujer

Clásico	Casual	Ejecutivo

1910 **Hombre**

1911   Clásico   Casual   Ejecutivo

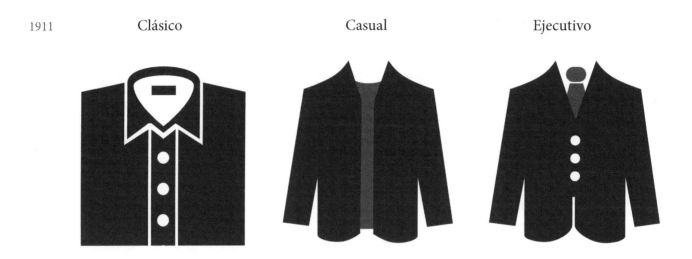

1912 **COLORES**

1913 **Los colores fríos (gama plateada).**

1914 **Los colores cálidos (gama dorada).**

1915 **Los colores neutros.**

1916 La psicología del color (6) nos da una indicación de como nos sentimos a la hora de escoger
1917 nuestra ropa. A continuación, encontrarás el significado de los colores más usados.

1918 El **Color Negro** es el color de la autoridad, el poder y el drama. Es uno de los más elegidos a la
1919 hora de vestir por su fácil combinación con otras prendas, la elegancia que transmite y su efecto
1920 adelgazante.

1921 El **Color Marrón o Café** transmite credibilidad y estabilidad porque es el color de la tierra y de la
1922 naturaleza. Es un color perfecto para transmitir información, ya que favorece un ambiente neutral
1923 para llevar a cabo discusiones abiertas.

El **Color Beige o Camel** es uno de los "reyes" del otoño. Lo ves en gabardinas, pantalones, blusas, zapatos, etc., ya que son colores de tierra relajantes como reductores del estrés que te invitan a la comunicación. 1924 1925 1926

El **Color Blanco** es sinónimo de pureza y pulcritud. Le dará a tu imagen un aspecto fresco. Además, es un color muy elegido por su capacidad de resaltar el tono bronceado. El color blanco al igual que el negro es básico y es un color perfecto para todas las épocas del año. 1927 1928 1929

El **Color Azul** denota tranquilidad, autoridad, confianza y lealtad. Al ser uno de los colores preferidos a nivel mundial, muchos diseñadores lo eligen constantemente en sus pasarelas. El azul es un color que transmite poder. Por lo tanto, es uno de los preferidos por los policías y fuerzas de seguridad. Uno de los mejores secretos es que el color azul es el que más **éxito** tiene cuando vas a llevar a cabo ventas importantes. 1930 1931 1932 1933 1934

El **Color Gris**, después del color azul, es el más popular para las entrevistas de negocios, ya que simboliza neutralidad y sofisticación. 1935 1936

El **Color Rojo** denota calor, peligro, poder, pasión y fortaleza. Es el color elegido cuando buscamos la imagen perfecta para esa cita romántica tan especial, cuando queremos destacar nuestro carácter o queremos hacernos notar (¡Aquí estoy!). El Color Rojo se asocia con una mujer fuerte y con carácter. Por lo tanto, es el color que debes usar cuando quieras destacar. 1937 1938 1939 1940

El **Color Naranja** se asocia con la calidez y el final del otoño transmitiendo una fuerte personalidad. 1941 1942

El **Color Amarillo** es el color del verano por excelencia porque es una de nuestras épocas favoritas para estrenar. A muchas personas les gusta vestirse de colores alegres y que resalten durante el verano. Por lo tanto, el amarillo es uno de ellos, ya que transmite distintas emociones como alegría y esperanza. Es importante no usarlo más de la cuenta, ya que es un color muy difícil de asimilar por el ojo humano porque puede llegar a saturar. 1943 1944 1945 1946 1947

El **Color Verde** representa la naturaleza, el éxito, la salud y la seguridad. De hecho, es uno de los colores elegidos por las fuerzas militares y de seguridad. 1948 1949

El **Color Rosa** es visto como un color que denota feminidad. Sin embargo, cada vez más hombres se atreven a usarlo. Es un color que es capaz de destacar nuestros rasgos como nuestro tono de 1950 1951

1952   piel al igual que ocurre con el color blanco.

1953   **Escribe tus colores favoritos.**

1954   _____

1955   _____

1956   _____

1957   _____

1958   ## Talla

1959   Cuando usamos la talla adecuada denotamos comodidad y confianza

1960   Cuando usamos la talla ajustada nos añade libras y es incómoda.

1961   **¿Cómo te sientes en tu talla actual? Expresa tus sentimientos al respecto.**

1962   _____

1963   _____

1964   _____

1965   _____

1966   ## Zapatos

1967   **SÍ**, se recomienda que uses los siguientes estilos profesionales.

1968   **NO** es recomendable usar los siguientes estilos que denotan falta de profesionalismo.

1969   ## Medias

1970   Se recomienda usar medias del mismo tono o más claras.

Los asesores de imagen personal[5] mencionan también la importancia de nuestra postura, los   1971
movimientos, los rasgos físicos, la manera de caminar, la mirada, la risa, el tono de voz, la higiene,   1972
la cortesía, la educación, etc. Es decir, es un estilo de vida, una forma de ser y actuar, ya que cada   1973
persona tiene la suya.   1974

Es muy importante cuidar nuestra imagen personal porque es lo primero que los demás ven   1975
de nosotros. Aún sin pronunciar palabra podemos transmitir información y proyectar nuestra   1976
personalidad a través de la imagen que ofrecemos al exterior.   1977

La Comunicación VERBAL   1978

La **comunicación verbal** es aquella donde el mensaje es verbalizado, ya que se utilizan las   1979
palabras de manera oral o escrita.   1980

  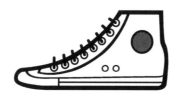 

1981 Es el proceso mediante el cual dos o más personas interactúan compartiendo información a través
1982 de la **palabra**.[8] La comunicación verbal implica el uso de palabras para construir oraciones que
1983 transmiten pensamientos.

1984 Es aquella donde se utilizan las **palabras habladas** o se emiten sonidos de forma verbal. La
1985 entonación y la vocalización juegan un papel fundamental en este tipo de comunicación para que
1986 el mensaje llegue efectivamente y pueda ser interpretado por el receptor.

1987 Como características de la **Imagen VERBAL** tenemos la forma de expresarte verbalmente. Es
1988 importante que comiences a practicar y te conviertas en un buen comunicador. La buena imagen
1989 que proyectes debe ser complementada con una demostración de que tienes los conocimientos
1990 técnicos y la experiencia necesaria para comunicarte con prospectos y clientes que tienen
1991 diferentes personalidades. Es importante que estés consciente de saber manejar adecuadamente
1992 este aspecto de tu imagen.

1993 Como podemos darnos cuenta, la imagen profesional no es necesariamente solo la vestimenta.
1994 Esta debe ser vista como un complemento de tus capacidades y de tu actitud, lo cual también
1995 expresas mediante los lenguajes verbal y no verbal.

1996 **Escribe tus comentarios sobre este tema.**

1997 _____
1998 _____
1999 _____
2000 _____

2001 **Consejos Importantes para Considerar en Citas con tus Prospectos o Clientes y**
2002 **en Reuniones de Trabajo Profesional**

1.	**Investiga acerca de la empresa o negocio de la persona con la que te vas a reunir.**

Lleva por escrito los puntos a tratar para que sea una reunión efectiva, recaudar la información necesaria o cierres la alianza.

2.   **Sé puntual.**

Con puntualidad, me refiero exactamente a la hora que se acordó para la cita. Si debes anunciarte o realizar algún registro previo, lo ideal es que llegues 10 minutos antes.

3.   **Saluda con firmeza.**

El saludo de mano es todo un arte. Por lo tanto, si lo haces muy débil, se reflejará en tu personalidad. Lo adecuado, es que lo realices con fuerza sin apretar demasiado, ya que tampoco querrás verte como dominante.

4.   **Haz contacto visual y sonríe.**

Durante tu cita presta mucha atención a la otra persona o personas interactuando con ellos y viéndolos a los ojos. Sonríe las veces que sean necesarias para relajar la tensión.

5.   **Mantén una buena postura.**

El lenguaje corporal como lo has aprendido en este módulo comunica demasiado acerca de lo que pensamos y sentimos. Por lo tanto, es altamente recomendable mantenerse con una postura recta evitando los brazos cruzados para que proyectes apertura y accesibilidad.

6.   **Seguridad ante todo.**

Recuerda que la imagen engloba **TODO** y que la seguridad también es importante que la proyectes. **Vístete, Actúa y Comunícate como un Emprended@r profesional.**

"LA IMAGEN PERSONAL NO ES COMO NOS VEMOS, SINO TODO LO QUE PROYECTAMOS".

Lily's Fashion 4u

(1)   Frank Luntz

(2)   John C. Maxwell – Libro: Las 21 Leyes Irrefutables del Liderazgo – Pág. 6 a 10

(3)   Steven Covey – Libro: Los 7 hábitos de las personas altamente efectivas

(4)   https://micarreralaboralenit.wordpress.com/2009/09/08/la-imagen-personal-y-su-relacion-con-la-imagen-profesional/

(5)   http://www.actiweb.es/imagenpersonal/asesor_de_imagen.html

(6)   https://www.palaciodehielo.com/blog/psicologia-del-color-hora-vestir-dime-color-ropa-dire-sientes/

(7)   https://www.altonivel.com.mx/imagen-personal/colores-para-demostrar-poder/ (fotografías)

(8)   https://www.diferenciador.com/tipos-de-comunicacion/

(9)   https://es.weforum.org/(Consejos que no debes dejar pasar en una cita o reunión de trabajo)

～ MÓDULO 8 ₂₀₀₄

CAPÍTULO 1

LOS 7 NIVELES DE CONSCIENCIA ₂₀₀₅

Iniciamos nuestro módulo 8 reflexionando nuevamente y por última ocasión durante este   2006
cuaderno de trabajo del **Programa Emprendedor@s** sobre la siguiente frase: 2007

"Las palabras y las emociones juntas son la fuerza más poderosa conocida por la humanidad".

Frank Luntz

Escribe qué tan consciente has estado en esta nuestra última octava semana juntos. ¿Qué cambios   2008
intencionales has llevado en tu vida?, ¿cómo ha mejorado la relación con tu familia?, ¿cómo este   2009
proceso ha ayudado al buen uso de tus palabras? y ¿cómo la emoción que utilizas al decirlas o   2010
pensarlas ha impactado tus demás relaciones positivamente?   2011

_____   2012

_____   2013

_____   2014

_____   2015

2016 Como sabemos el **LIDERAZGO**[2] es influencia nada más, nada menos; esa influencia es
2017 importante que inicie contigo mismo para alcanzar esas metas que te has propuesto y has puesto
2018 por escrito, ese deseo de emprender, de crear tu propio negocio, continuar con el fin en mente
2019 como lo menciona Stephen Covey en su libro "**Los 7 hábitos de la gente altamente efectiva**"[3] de
2020 esta forma no pierdes de vista la meta final.

2021 En cada módulo, estuviste adquiriendo más herramientas para desarrollar tu talento e
2022 incrementar tus conocimientos. Esta práctica te ha ido acercando más a tu meta final. Recuerda:

Motivación:	Lo que te provoca a hacer algo.
Liderazgo:	Influenciar a otros a tener tu VISIÓN empezando por TI.
Talento:	Habilidades que desarrollas constantemente.

2023 LOS 7 NIVELES DE CONSCIENCIA

2024 Permíteme felicitarte por haber llegado hasta este último módulo, por utilizar tus 4 Ds: **Decisión,**
2025 **Dedicación, Determinación y Disciplina** y continuar enfocado en tu sueño con una visión fija
2026 sin importar las condiciones y circunstancias que te rodean. **TÚ** estás creando tu verdadero sueño
2027 a través de este proceso utilizando tu fuerza interna.

2028 En este último módulo de nuestro **Programa Emprendedor@s**, te quiero introducir a los **7**
2029 **Niveles de Consciencia**. ¿Qué son?, ¿por qué son importantes para las personas? y ¿cómo
2030 podemos incrementar nuestra consciencia en su uso?

2031 Todos los seres humanos utilizamos estos **7 Niveles de Consciencia** estando o no conscientes.
2032 Los niveles de consciencia nos muestran cómo reaccionamos ante las diferentes circunstancias
2033 de nuestra vida diaria. Ahora que ya te has convertido en **Emprended@r** y que has decidido
2034 transformar tu vida te va a ser de mucha utilidad conocerlos y aplicarlos diariamente.

2035 La primera ocasión que yo escuché hablar de ellos fue en el 2015 cuando inicie mi entrenamiento
2036 como Capacitadora, Oradora y Coach Internacional con el Equipo de John Maxwell. Sin embargo

y como anécdota, créeme que los olvidé rápidamente después de haberlos escuchado de mi   2037
mentor Paul Martinelli, Presidente de JMT. Recuerdo haber pensado: "¡Qué interesante! Quiero   2038
aprender más sobre ellos", sin embargo no hice absolutamente nada al respecto, ya que solo fue un 2039
buen pensamiento pasajero. Sinceramente, es una pena porque pude haber obtenido muchísimo   2040
más provecho de esta información si la hubiese aplicado en mi vida diaria desde ese momento. A   2041
pesar de ello, también pienso que **Todo Tiene su Tiempo y su Momento**.   2042

Es por eso que ahora que me he hecho muchísimo más consciente de la importancia de esta   2043
información, quise traer este conocimiento para apoyar tu crecimiento personal y empresarial.   2044

¿Te has puesto a pensar en los resultados que has obtenido hasta el momento en cada una de las   2045
áreas de tu vida? Te invito a que escribas en el siguiente espacio tus resultados hasta hoy (incluye 2046
la fecha).   2047

_____   2048
_____   2049
_____   2050
_____   2051

Yo me pregunto si tendrías la oportunidad de ser más consciente de tus acciones y resultados,   2052
¿crees que podrías acceder a potenciar más tu vida para alcanzar fácilmente, o al menos más   2053
organizadamente, tus metas personales y profesionales? Escribe tu respuesta.   2054

_____   2055
_____   2056
_____   2057
_____   2058

En esta ocasión, deseo invitarte a caminar por este interesante mundo y leer con detenimiento la 2059
información que a continuación comparto contigo sobre los **7 Niveles de Consciencia** y como   2060
estos influyen en tu vida diaria y en tus resultados.   2061

Primer Nivel de Consciencia – ANIMAL[5]   2062

En este nivel de consciencia, tu actuación es reaccionar a la defensiva en relación con tu   2063

2064 condiciones y circunstancias. Todos son culpables de lo que te sucede menos tú. Este es el más
2065 bajo de los niveles, ya que no puedes ver más allá de lo que sucede a tu alrededor. Además,
2066 como en este nivel se encuentra la mayoría de las personas con las que te relacionas, el común
2067 denominador es el pensamiento similar. Esto sucede porque están todos dentro del mismo drama
2068 sintiéndose encadenados mentalmente sin ver el potencial que tienen y sin permitir que otras
2069 personas puedan salir.

2070 **Escribe la ocasión en que compartiste alguna actividad que para ti es o era muy importante**
2071 **con tus familiares y amistades, sin embargo, en vez de recibir apoyo, recibiste burlas o**
2072 **comentarios como: "Estás loco", "nunca lo vas a lograr", "¿quién crees que eres?", " ya te crees**
2073 **mucho", etc.**

2074 _____
2075 _____
2076 _____
2077 _____

2078 **Comparte cómo te sentiste al recibir ese tipo de comentarios y lo más importante: ¿Qué**
2079 **hiciste?**

2080 _____
2081 _____
2082 _____
2083 _____

2084 ## Segundo Nivel de Consciencia – MASIVA

2085 En este nivel las personas siguen a las multitudes imitando lo que otros hacen porque no tienen
2086 el discernimiento o la fuerza mental para decir NO. Simplemente se dejan llevar por lo que otros
2087 realizan sin hacer un análisis de las circunstancias en las que viven. Quieren comprar y tener todo
2088 lo que el mundo tiene para sentirse parte o identificado con la sociedad en la que se vive. Por
2089 ejemplo, si alguna amistad compra un nuevo celular, tu lo debes tener también. Estas personas
2090 con este nivel de consciencia normalmente se dejan llevar por la influencia emocional que otras
2091 personas tienen sobre ellos.

Comparte qué has comprado porque tu amiga, tía, compadre, mamá, papá o compañero de trabajo te "motivó" a hacerlo. 2092
2093

_____ 2094

_____ 2095

_____ 2096

_____ 2097

Tercer Nivel de Consciencia – ASPIRACIONAL 2098

Este es un nivel más avanzado de conciencia que los dos anteriores. En este nivel las personas 2099
se caracterizan por tener y demostrar el **DESEO** y la **ASPIRACIÓN** de crecer. Sin embargo se 2100
estancan en estar "preparándose" normalmente por **MIEDO**, sus palabras más usadas son: "me 2101
gustaría", "voy a hacer", etc., al final de cuenta nunca hacen nada. 2102

Completa las siguientes frases: 2103

Me gustaría _____

Voy a hacer _____

En esta ocasión si voy a empezar _____

No lo inicie porque _____

El año que entra de seguro hago _____

En los siguientes renglones escribe tus comentarios. 2104

_____ 2105

_____ 2106

_____ 2107

_____ 2108

Cuarto Nivel de Consciencia – INDIVIDUAL

En este nivel empiezas a salir de la zona de confort y comienzas a identificar que si puedes vivir tus **SUEÑOS** a través de tus intentos y fracasos.

Hay arranques por querer hacer las cosas, inicias, pero no terminas nada. En este nivel las personas empiezan a hacer compromisos más serios como metas de ahorro, de peso, ejercicio continuo, mejorar su salud, terminar sus estudios, **EMPRENDER** un nuevo negocio. Sin embargo, solo inicia sin darle seguimiento a nada y no terminas ninguna de estas actividades.

Escribe los proyectos o compromisos que has iniciado a través de los años y que no has terminado a la fecha de hoy.

_____

_____

_____

_____

Quinto Nivel de Consciencia – INDIVIDUAL

Cuando las personas logran llegar a este nivel de consciencia, es muchísimo más sencillo avanzar a los siguientes niveles, ya que este es un paso importante entre la **EXPERIENCIA** y la **INDIVIDUALIDAD**. En este nivel de consciencia, las personas se enfocan en la meta, sin importar las condiciones y circunstancias a su alrededor asumen la responsabilidad de sus acciones. Trazan planes de acción a los cuales dan seguimiento y crean indicadores que les guíen si van logrando las pequeñas o grandes metas. Este nivel es importantísimo de alcanzar y es uno de los más difíciles, ya que en este nivel de consciencia, tú empiezas a co-crear y ser dueño de tu propio destino.

¿Sientes que en alguna ocasión en tu vida has estado en este nivel de consciencia? Describe el/los logros que tuviste o has tenido cuando tú asumiste la RESPONSABILIDAD de tus acciones y metas.

2131
2132
2133

_____ 2134
_____ 2135
_____ 2136
_____ 2137

Sexto Nivel de Consciencia – EXPERIENCIA
2138

En este nivel de consciencia las personas se apegan a la participación, no al resultado. Las personas aprenden de ambas cosas los **ÉXITOS** y los **FRACASOS** con calma y confianza. Las personas saben como pueden hacer mejor las cosas. Sin embargo, aunque este nivel es muy importante de alcanzar, también se requiere humildad cognitiva. Es decir la misma persona debe saber que no es un producto terminado y que las experiencias adquiridas agregan tanto valor a su vida como a la de las personas con las cuales interactúa

2139
2140
2141
2142
2143
2144

¿Consideras que en algún momento de tu vida has estado en este nivel? Explica con detalle.
2145

_____ 2146
_____ 2147
_____ 2148
_____ 2149

Séptimo Nivel de Consciencia – MAESTRÍA – AUTODOMINIO
2150

La respuesta de las personas en este nivel de consciencia se basa en lo que ellas quieren entrando en el "Espíritu" de la situación, dejando de reaccionar y **RESPONDEN** en base a su experiencia.
2151
2152

En este punto vale la pena reconocer que muchas personas que han llegado a este nivel de consciencia son aquellas personas que fracasaron en un proceso y no se rindieron, sino más bien le dieron todo el **ENFOQUE** y la **ENERGÍA** para alcanzar sus sueños y objetivos. Manejan de
2153
2154
2155

2156 mejor manera sus emociones y percepciones respecto de las condiciones y circunstancias de su
2157 diario vivir.

2158 **Escribe tus comentarios acerca de este nivel de consciencia. ¿Piensas que has logrado estar en**
2159 **este nivel en alguna ocasión en tu vida?**

2160 _____
2161 _____
2162 _____
2163 _____

2164 Este ha sido uno de los aprendizajes más interesantes que he tenido en los últimos años, te
2165 comparto que me hubiese gustado que desde mi infancia o adolescencia, mi familia, mis
2166 maestros, mis amistades me los hubiesen enseñado. Desafortunadamente no fue el caso, es por
2167 eso que te pido que tu transmitas estos conocimientos a tus hijos, a tu pareja y a tus amistades.
2168 Entre más personas estemos conscientes de estos niveles de consciencia, más pronto todos
2169 podemos avanzar en dirección a nuestras metas y sueños. No te quedes con la información solo
2170 para ti, como lo menciona en innumerables ocasiones mi mentor John C. Maxwell: "**no seas una**
2171 **represa, sé un río**". ¿Qué significa esto? Esto significa que compartamos el nuevo conocimiento,
2172 que no te lo quedes para ti mismo pensando que si lo compartes con alguien va a ser mejor que tú
2173 o que yo. Entre más compartas más situaciones positivas se presentan en tu vida. ¿Lo has notado?

2174 Te invito a que te tomes el tiempo necesario y completes el ejercicio #1 a continuación.

EJERCICIO #1[(4)]

Área de tu vida	Nivel de consciencia actual	Nivel de consciencia deseado	¿Qué debo dejar de hacer para lograrlo?	¿Qué debo seguir haciendo para lograrlo?	¿Qué debo empezar a hacer para lograrlo?
Personal					
Profesional					
Financiera					
Relaciones					

Nota:

Puedes incluir las áreas de tu vida que consideres importante trabajar.

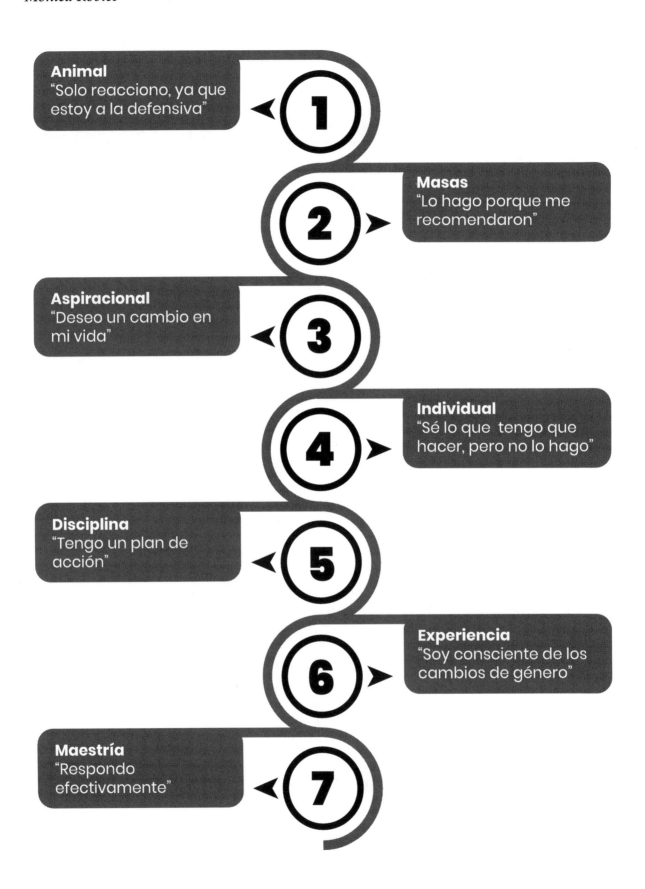

Animal
"Solo reacciono, ya que estoy a la defensiva"

1

Masas
"Lo hago porque me recomendaron"

2

Aspiracional
"Deseo un cambio en mi vida"

3

Individual
"Sé lo que tengo que hacer, pero no lo hago"

4

Disciplina
"Tengo un plan de acción"

5

Experiencia
"Soy consciente de los cambios de género"

6

Maestría
"Respondo efectivamente"

7

∼ MÓDULO 8 ₂₁₇₈

CAPÍTULO 2

EMPRENDED@R ₂₁₇₉

Analicemos si tienes los atributos necesarios para iniciar un negocio sustentable que pueda darte 2180
el ingreso mensual que quieres y el cual mantengas en operación por varios años. 2181

EJERCICIO # 2   2182

¿Tienes los atributos necesarios para ser un Emprended@r?   2183

Las razones principales por las que nuevos Emprendedor@s quiebran en los 5 primeros años en 2184
sus negocios son: 2185

- Falta de habilidades organizacionales.

- Actitud pobre o negativa.

- Falta de habilidad en el manejo de ventas y mercadotecnia.

- Pocas habilidades en el trato con la gente.

2186 **NOTAS**

(1)   Frank Luntz

(2)   John C. Maxwell – Libro: Las 21 Leyes Irrefutables del Liderazgo – Pág. 6 a 10

(3)   Steven Covey – Libro: Los 7 hábitos de las personas altamente efectivas

(4)   https://neurobecorp.com/2018/07/09/7-niveles-de-consciencia-y-como-influyen-en-tu-vida/

(5)   Paul Martinelli – 7 Levels of Consciousness – JMT Mentorship Program

QUIZ 2187

En la escala del 1 (bajo) al 5 (alto) contesta las siguientes preguntas: 2188

1.   ¿Puedes trabajar por tu cuenta?   _____

       ¿Puedes trabajar independiente de otros?   _____

       ¿Puedes trabajar por periodos largos de tiempo?   _____

2.   ¿Puedes venderte?   _____

       ¿Puedes vender tus ideas?   _____

       ¿Puedes vender productos, conceptos o servicios?   _____

       En otras palabras, ¿puedes persuadir efectivamente al comunicarte con otras personas y llevarlos a entender tu punto de vista o proyecto como: con colaboradores, apoyo de algún tipo o clientes?   _____

3.   ¿Tienes cualidades para tratar con todo tipo de gente?   _____

       ¿Sabes cómo conectar con ellos poniéndote en sintonía?   _____

       ¿Tienes habilidades de asesoría y manejo de personal?   _____

       ¿Tienes habilidades para vender?   _____

4.   ¿Te sabes organizar?   _____

       ¿Sabes cómo organizar tu tiempo?   _____

¿Sabes cómo organizar tus comunicaciones ya sean verbales o por escrito?

_____

5. ¿Eres organizado, estructurado y disciplinado? _____

6. ¿Puedes tomar decisiones rápidamente manteniendo tu flexibilidad? _____

7. ¿Tienes la habilidad de aprender de tus errores? _____

8. ¿Tienes la habilidad de tomar riesgos calculados? _____

9. ¿Qué tan bueno eres para manejar dinero? _____

10. ¿Conoces al gerente de tu banco por su primer nombre? _____

11. ¿Tienes perseverancia, tenacidad, determinación especialmente cuando las cosas se ponen difíciles? _____

12. ¿Tienes un grupo de **Mentes Magistrales** al que atiendes constantemente?

    (Un grupo de Mentes Magistrales es un grupo de gente como: asesores, compañeros de trabajo, personas que admiras, otros empresarios, **Emprendedor@s** o dueños de empresas pequeñas quienes te apoyan y dan consejo en tu visión y tus metas de diferentes formas). _____

2189 Finalmente y una pregunta muy **IMPORTANTE:**

13. ¿Tienes una idea, servicio o producto que AMAS? _____

    ¿De verdad CREES en él? _____

Analiza tus respuestas: ¿Qué puntuación le diste a cada una de las preguntas?, ¿cómo te sientes en estos momentos con esa puntuación? Ahora compara la puntuación actual con la puntuación que te diste en nuestro primer módulo. ¿Encuentras alguna diferencia? ¿Qué cambió? ¿Por qué cambió? ¿Cómo te visualizas **HOY** a ti mismo? ¿Has cambiado tu perspectiva de lo que puedes hacer para lograr ese cambio de vida?

_____

_____

_____

_____

Estoy segura de que después de haber recorrido juntos esta jornada de aprendizaje y aplicación de tu nuevo conocimiento (**siempre y cuando hayas hecho todos los ejercicios como se te sugirió. Si no los has hecho, te invito que inicies nuevamente con el módulo # 1 y los realices**), es el mejor regalo que te puedes dar, el conocerte a ti mismo más profundamente para poder desarrollarte personalmente y avanzar en tu vida enfocado en la realización de tus metas y el logro de tus sueños.

¡FELICIDADES LOGRASTE CONCLUIR LOS 8 MÓDULOS DEL PROGRAMA EMPRENDEDOR@S!

ENCUESTA 2205

¡Ayúdanos a aumentar la conciencia sobre este importante Programa Emprendedor@s en nuestra comunidad Hispana! 2206 2207

Te agradecemos mucho que compartas tus pensamientos sobre el **Programa Emprendedor@s** para que podamos compartir tu éxito y motivar a otras personas a que participen en el **Programa Emprendedor@s** en el futuro. 2208 2209 2210

¡Gracias de antemano por tu tiempo! 2211

1. ¿Qué te inspiró a inscribirte en el **Programa Emprendedor@s**?

    _____
    _____
    _____
    _____
    _____

2. ¿Ha sido valioso este **Programa** para ti? ¿Puedes compartir una o dos de las cosas más importantes que has aprendido durante el **Programa Emprendedor@s**?

    _____
    _____
    _____
    _____
    _____

3. En el transcurso del **Programa Emprendedor@s**, ¿has notado o sientes un cambio en tu perspectiva sobre negocios o tu capacidad para ser un líder? Explícanos por favor.

_____

_____

_____

_____

_____

4. ¿Crees que otras personas en nuestra comunidad Hispana podrían beneficiarse de este valioso **Programa Emprendedor@s**? ¿Por qué?

_____

_____

_____

_____

_____

5. Si alguien que quisiera iniciar su propio negocio te pidiera un solo consejo, ¿Cuál sería tu respuesta?

_____

_____

_____

_____

_____

6. Danos tus comentarios acerca de la Instructora o Instructor del **Programa Emprendedor@s**.

_____

_____

_____

_____

_____

¿Podemos publicar tu nombre y tus respuestas a estas preguntas?   2212

*Sí, puede publicar mis respuestas y mi nombre.   2213

*Sí, puede publicar mis respuestas, pero no publique mi nombre.   2214

No, por favor utilice mis respuestas solo para fines internos.   2215

*Le doy permiso a las empresas **Heart Centered Leadership Coaching & Consulting Group** a   2216
usar mis declaraciones o fotografías en sus publicaciones incluyendo, pero no limitado a el uso   2217
del sitio de internet, anuncios, folletos, volantes o cualquier publicación impresa o digital. Le   2218
doy permiso a las empresas **Heart Centered Leadership Coaching & Consulting Group** para   2219
transmitir información relacionada con mi historia de éxito en relación con mi negocio, para   2220
fines de publicidad, para aumentar la conciencia del **Programa Emprendedor@s** o para todo tipo   2221
de propósitos lícitos.   2222

Nombre Completo:

_____

Firma:

_____

Nombre de tu negocio o idea de negocio:

_____

Tipo de producto o servicio que ofreces o vas a ofrecer:

_____

Fecha de Autorización:

_____

2223   Porfavor enviar las formas por email a: monica@monicaleadership.com o por correo a:

2224   Heart Centered Leadership Coaching & Consulting Group

2225   2400 E. Katella Ave.

2226   Suite 800

2227   Anaheim, CA 92806

2228   (949) 429-9054

2229   www.monicaleadership.com

2230   Programa Emprendedor@s © derechos reservados de **Mónica Robles**. Todos los programas se
2231   extienden al público sobre una base sin discriminación.

BIOGRAFIA

MÓNICA ROBLES 2232

Las metas personales y profesionales de Monica se   2233
han centrado en proveer a sus clientes con un servicio   2234
de excelencia al activamente hacer participar a las   2235
compañías y clientes en estrategias de alto rendimiento   2236
para su beneficio mutuo. Profesionalmente, ella ha   2237
podido realizar sus metas a través de la oportunidad   2238
de diferentes empleos con compañías tanto locales   2239
como internacionales, así mismo ha trabajado para el   2240
Gobierno Estatal de Sonora, México y en varias agencias   2241
del Gobierno Federal de los Estados Unidos, incluyendo   2242
la Embajada Americana en la Cd. De México, D.F.   2243
En lo personal Monica goza el poder dar su tiempo y   2244
experiencia a la Comunidad Hispana a través de darse   2245
de voluntaria dando entrenamiento en diferentes organizaciones sin fines de lucro como WHW   2246
(Women Helping Women), Magnolia Park, in Garden Grove, CA. OCHCC (Orange County   2247
Hispanic Chamber of Commerce), entre otras importantes Organizaciones.   2248

Monica tiene mucha experiencia en desarrollar relaciones con sus clientes y a través de diferentes   2249
organizaciones y equipos; especialmente al plantar la semilla del propio descubrimiento y   2250
realización en la vida de otras personas ayudándoles el lograr su mayor potencial. Como   2251
fundadora y executiva de su empresa Monica es muy dinámica, está siempre muy motivada y se   2252
enfoca en los resultados, debido a esto ella ha sido capaz de generar ganancias y crecimiento en   2253
diversos mercados para compañías que la han contratado y últimamente a través de su propia   2254
empresa.   2255

2256 Tiene más de 25 años de experiencia proveyendo servicios de desarrollo profesional, trabajo de

2257 equipo y desarrollo de liderazgo en todos los niveles de las organizaciones. Durante mas de 12

2258 años Monica sobresalió en la Industria del Multi-Nivel (MLM)/ Ventas Directas/Modelos de

2259 Negocio de Planeación de Fiestas, siendo en los últimos 5 años que se ha enfocado en apoyar mas

2260 fuertemente a la comunidad hispana en los Estados Unidos.

2261 Monica es la Fundadora y Presidenta de Heart Centered Leadership Coaching and Consulting

2262 Group, está Certificada Internacionalmente como Coach, Conferencista y Capacitadora con

2263 el Equipo de John Maxwell (John Maxwell Team), ella es la autora, creadora y dueña de los

2264 derechos intelectuales (copyrights) del Programa Emprendedor@s, este programa educa, motiva,

2265 empodera y enseña a las participantes a iniciar sus propios negocios, Monica ha colaborado

2266 con OCIE-SBDC,(Centro de Desarrollo de Pequeños Negocios del Condado de Orange), la

2267 OCHCC (Cámara Hispana de Comercio del Condado de Orange, así como con los Condados

2268 de Orange, Riverside y San Bernardino y los Consulados Mexicanos de estos Condados,

2269 también ha colaborado con las Ciudades de Santa Ana, San Bernardino, Fullerton, Riverside,

2270 Irvine, Coachella Valley, Beverly Hills y recientemente Anaheim, CA, entre otras, apoyando a

2271 mejorar sus economías locales, transformando la vida de más de 540 personas, enseñándoles

2272 los principios de su propio liderazgo, Monica es la Instructora en Jefe, Coach de Negocios y

2273 Liderazgo del Programa Emprendedor@s, ella conoce la importancia de ser consistente y siempre

2274 se ha manejado con los más altos estándares de ética profesional.

2275 Debido a la gran necesidad de conocimientos básicos relacionados con el lanzamiento de

2276 un pequeño negocio entre la comunidad hispana se dio a la tarea de fundar la Asociación de

2277 Emprendedo@s misma que tiene como función principal el continuar educando y empoderando

2278 a esta creciente comunidad.

2279 Monica tiene una Maestría Executiva Internacional de Negocios (IXMBA) de la Escuela de

2280 Negocios de IE Business School (Instituto de Empresa) en Madrid, España, este es una de los

2281 5 Programas de Maestría más altamente reconocidos en el mundo y clasificado en la segunda

2282 posición a nivel mundial de los Programas de Maestrías Executivas dado a conocer por primera

2283 vez en la revista The Economist. Su educación, experiencia y fluidez tanto en Ingles como en

2284 Español han sido instrumentales para el éxito que Monica ha tenido en su carrera.

2285 Ella ha continuado educándose al estudiar, aprender y aplicar los principios y filosofías de

2286 grandes autores de todos los tiempos que se enfocan en el desarrollo personal. Ella personalmente

2287 a utilizado la filosofía y metodología del autor John M. Maxwell con el fin de mejorar su productividad, desarrollo y su proceso de decisiones, creando así una vida más armoniosa y 2288

satisfactoria. Como miembro activo del Equipo de John Maxwell y líder de su propia compañía 2289

ella continua con su enfoque en transformar vidas con el único fin de añadir valor a otras 2290

personas. 2291

Adicionalmente;

Monica, también ha servido en varias mesas directivas como la de la Cámara de Santa Ana, 2292

en el Comité de Ingles (English Works Committee), la West Michigan Hispanic Chamber 2293

of Commerce (WMHCC) como miembro executivo de la mesa directiva, participo en 2294

varias iniciativas con GRAPE (Grand Rapids Area of Professionals of Excellence), Mujeres 2295

Empoderadas de Orange County, como miembro Fundador (Empowered Women OC Chapter 2296

Funder) y de la Cámara Hispana del Condado de Orange, OCHCC (Orange County Hispanic 2297

Chamber of Commerce), Actualmente Monica es miembro activo de la Camara de Comercio de 2298

la Cd. de Anaheim, CA., Co-Chair en el Comité de Pequeños Negocios de Uplift San Bernardino, 2299

ofrece su servicio voluntario para SCORE Orange County Chapter, Iniciativa Hispana y 2300

participa activamente como invitada especial en la ventanilla de asesoría financiera de "El Sol 2301

Neighborhood" del Consulado Mexicano en San Bernardino, CA. 2302

Su pasión por ayudar a su Comunidad Hispana la llevo a crear el curiculum del Programa 2303

Emprendedor@s, Monica apoya las comunidades hispanas de los Condados de Orange, San 2304

Bernardino, Riverside y Los Ángeles, CA. Al Mes de Marzo del 2020 ella ha entrenado y graduado 2305

a más de 500 Emprendedor@s, muchos de los cuales han iniciado sus propias microempresas. 2306

Sitios de Internet Profesionales:

https://monicaleadership.com/

www.linkedin.com/in/roblesmonica/

https://twitter.com/HMOPLT

https://www.facebook.com/HeartCenteredLeadershipCoaching/

https://www.instagram.com/monica_liderazgo/

https://www.youtube.com/channel/UCQEa33BaFoe9o6xzmUH53lA

Mónica Robles, Fundadora y Presidenta de Heart Centered Leadership Coaching and Consulting Group, cuenta con una Maestría Ejecutiva Internacional en Negocios con IE Business School y está Certificada Internacionalmente como Coach, Conferencista y Capacitadora con el Equipo de John Maxwell (John Maxwell Team). Ella es la autora, creadora y dueña de los derechos intelectuales (copyrights) del Programa Emprendedor@s. Este programa educa, motiva, empodera y enseña a los participantes a iniciar sus propios negocios.

Las metas personales y profesionales de Monica se han centrado en proveer a sus clientes con un servicio de excelencia al activamente hacer participar a las compañías y clientes en estrategias de alto rendimiento para su beneficio mutuo. Profesionalmente, ella ha podido realizar sus metas a través de la oportunidad de diferentes empleos con compañías tanto locales como internacionales.

En lo personal ella goza el poder dar su tiempo y experiencia a la Comunidad Hispana a través de darse de voluntaria dando entrenamiento en diferentes organizaciones sin fines de lucro. Tiene más de 25 años de experiencia proveyendo servicios de desarrollo profesional, trabajo de equipo y desarrollo de liderazgo en todos los niveles de las organizaciones. Durante mas de 12 años sobresalió en la Industria del Multi-Nivel (MLM)/ Ventas Directas/Modelos de Negocio de Planeación de Fiestas, siendo en los últimos 5 años que se ha enfocado en apoyar mas fuertemente a la comunidad hispana en los Estados Unidos.

Ella personalmente a utilizado la filosofía y metodología del autor John M. Maxwell con el fin de mejorar su productividad, desarrollo y su proceso de decisiones, creando así una vida más armoniosa y satisfactoria. Como miembro activo del Equipo de John Maxwell y líder de su propia compañía ella continua con su enfoque en transformar vidas con el único fin de añadir valor a otras personas.

$24.99
ISBN 978-1-7923-4900-3

52499>
9 781792 349003

- www.linkedin.com/in/roblesmonica/
- https://monicaleadership.com/
- https://twitter.com/HMOPLT
- https://www.facebook.com/HeartCenteredLeadershipCoaching/
- https://www.instagram.com/monica_liderazgo/
- https://www.youtube.com/channel/UCQEa33BaFoe9o6xzmUH53lA

Made in the USA
Monee, IL
24 September 2020